商壳は真剣勝負

必须赢利

[日] 松下幸之助 —— 著

杨瑀桐 —— 译

[日]松下幸之助

松下电器创始人。

1894年，出生于日本和歌山县。9岁时，独自到大阪当学徒。23岁开始创业，一路带领企业成长为全球性集团。1932年，产生了自己的哲学——松下哲学。1946年，创办PHP研究所。1987年，应中国政府之邀在华建成合资工厂。1989年去世，享年94岁。2018年，荣获中国政府颁发的中国改革友谊奖章，被誉为"国际知名企业参与我国改革开放的先行者"。

代表作有《道：松下幸之助的人生哲学》《天心：松下幸之助的哲学》《道路无限》《开拓人生》。

目 录

第一章 买卖不属于"个人" / 001

经营当顺应自然之理 / 004

你对于确保利润的信念足够强烈吗 / 007

买卖不属于"个人" / 010

作为肩负社会责任的一员看待经营 / 012

资本权力化 / 014

当大型制造商进军新领域 / 016

钻研行业惯例 / 018

坚决反对薄利多销 / 020

零售商也能赚取高额利润 / 023

牺牲性销售是一种恶行 / 026

立于道路中间的邮局 / 029

荷兰人对于德军的看法 / 031

今后的繁荣与政治密切相关 / 035

进口泥土，修建道路　/ 038
欧洲经济共同体框架下的繁荣　/ 041
只靠经济界的努力还不够　/ 043
议员越少效率越高　/ 046
配合拆迁是光荣的牺牲　/ 049
因一家反对而中断工程　/ 052
天下钱归天下人　/ 054
劳动争议中的日美差异　/ 056
不可逾越的红线　/ 059
舍身探求正确道路的精神　/ 062
荷兰只有10所大学　/ 064
荷兰依然处于领先地位　/ 066
经营者面临着诸多问题　/ 069

第二章　中小企业与人才保障　/ 071
人手不足　/ 074
"中小企业薪资低"吗？　/ 076
中小企业能够充分用人　/ 078
大刀阔斧，敢于变革　/ 080

支付高薪也能经营得当 / 084

美国的高额薪水 / 086

提高待遇，吸引人才 / 089

经济性与合理性 / 091

促进中小企业的突破性发展 / 094

困境中谋发展 / 096

让他们看到你的干劲儿 / 099

社长的工资是操心费 / 101

长远责任 / 104

第三章　我的经营观、销售观 / 107

启蒙恩师久保田先生 / 110

无条件托付一切 / 113

创造性思维 / 116

通往成功的道路只有一条 / 118

制造与销售两大支柱 / 120

销售部门需要优秀的负责人 / 123

经营者的责任 / 125

及时指出合作伙伴问题 / 128

令人叹服的美国企业宣传片 / *131*
价值百万美元的《时代》周刊封面 / *135*
公司广告的惊人效果 / *137*
信念造就可能 / *141*
萧条时期稍作休息 / *145*
胜败关乎生死 / *147*
经商原则经久不变 / *150*
问答环节 / *153*

第四章　提升经营能力 / *165*

我所仰慕的安田善次郎先生 / *168*
在竞争中体悟人生的意义 / *170*
升级设备反而适得其反 / *173*
如今银行也没有钱 / *176*
事与愿违 / *178*
不可或缺的自我认知与自我反省 / *181*
外国援助带来的繁荣 / *185*
美国的合理主义 / *189*
提升经营能力才是先决条件 / *192*

美国的经商环境 / 194

日本是美国的转包工厂 / 197

公司碰壁是社长的责任 / 200

掌握公司兴衰关键的最高负责人 / 202

第五章 经营不可强求 / 205

人生百味之一 / 208

黄金出口禁令解除导致经济萧条 / 210

生产减半但不裁员 / 212

萧条孕育信念 / 216

以客户为鉴 / 218

经营必须认清企业的社会性 / 220

轻率的日本多元化经营 / 223

企业人员冗余 / 227

通过减税克服赤字的美国 / 230

构建无冗员的经营体制 / 232

税负颇高，所为甚少 / 235

做好贸易自由化的心理准备 / 238

民主主义的特点是极具经济性 / 240

问答环节　/ 242

第六章　我的经营哲学　/ 249
科学发展与经营的存在方式　/ 252
国家治理与杂货店经营　/ 254
经营理念的出发点　/ 256
国家间过度竞争引发战争　/ 258
以睿智决断化解矛盾　/ 260
当代经营者的决心　/ 262
问答环节　/ 264

第七章　进军海外市场　/ 269
开拓海外市场是日本最重要的课题　/ 272
钱屋五兵卫的开拓精神　/ 274
人才培养最为棘手　/ 277
适合对象国的产品与销售方法　/ 279
制造独一无二的产品　/ 281
如何做好上述三方面　/ 283
以援助为主，不求获利　/ 285

目录

开展慎重调查的外国企业 / 289

进军发展中国家市场要慎重 / 292

造船业世界第一 / 295

开始缺人了 / 298

美国减税三成的背景 / 300

认真对待人手不足问题 / 303

问答环节 / 305

松下幸之助生平年表 / 322

第一章
买卖不属于『个人』

・下雨就要打伞，这样才不会淋湿。这就是自然之理。如果经营活动顺应自然之理就必然会走向成功。

・公司并不属于"个人"，而是属于"公众"。经营者在进行一切行动决策时，都必须谨记，自己是作为肩负社会责任的一员在管理公众的公司。

・只凭借经济界的力量来推动经济发展是不够的。任何政治、社会方面的损失都会反映在产品成本上，因此经济界人士也必须对政治动向保持密切关注。

・作为经营者必须有一条觉悟，那就是敢于以身家性命为赌注去赌自己的判断是否正确。如果没有这种觉悟，就不适合做经营者。

第一章　买卖不属于"个人"

我是刚才承蒙介绍的松下。今天我有幸受邀来到这里发表一点自己的看法。但是在看过大家的介绍材料之后,我发现大家都是颇有名望的经营大家,所以不知我的浅薄之谈能否对在座的各位有所助益。虽然怀着如此忐忑的心情,但既然来到了这里,还是需要发表一些自己的想法,所以我就在这里献丑了。

事实上,我并没有什么特别的内容与大家分享。因为想必大家在长期经营打拼的过程中已经积累了相当宝贵的经验,或许应该是我向大家请教才更为合适。所以我想就先由我来抛砖引玉,之后再请大家以座谈会的形式畅所欲言,也请各位不吝赐教。

经营当顺应自然之理

我从事经商活动至今已有四十二年了。这样一说大家或许已经猜到我的年纪了,但我仍觉得自己非常年轻。不知不觉间已然迈过了四十二个年头,虽然这样说有些自诩的成分在里面,但我确实经历了很多事情。

1918年,当时我的小作坊还不成规模,只有我和妻子两个人。我本身不是做学问出身,又长期在店里做学徒,所以几乎可以说是胸无点墨。但为了生活,我认为自己还是应该尝试一些其他工作,于是当时二十三岁的我便开始了电器制作。这就是我的出发点。后来随着社会不断发展,电器需求越来越大,我生产的产品种类也随之逐渐增加,直至今日。

那段时间的经营生活可以说是非常艰苦,不过虽然遇到了诸多困难,但大体还是比较顺利的。所以我认为这一期间能够作为参考的经历其实少之又少。但仔细回想一下，其中也还有一些经历是值得一讲的。

最近常有人问我是如何在这样的环境下取得今日的成功的。对此，我一般会依据当时的感受作答。就在前段时间，几位报社记者向我提出了同样的问题："松下先生，您可谓是成功人士的典范，能否简单为我们分享一下您是如何获得这种成功的呢？"对此，我是这样回答的："我的经营方针就是顺应自然之理。"于是对方便问道："自然之理太难理解了，能不能说得具体一些呢？"面对这样的提问，我又答道："具体来说就是下雨就要打伞。"这种回答听上去很像是在戏弄人，但事实上这就是我对于自然之理的理解。

在迄今为止的经营活动中，我见证了这一行业的人情百态，也同无数人打过交道。在这些人当中，有极为成功的人，也有惨遭失败的人。如果将二者加以比较，就容易理解我刚才所讲的道理了。下雨就要打伞，这是再自然不过的事情了。同样，热了就少穿一些，冷了就多穿一些。人人都是这样做的，这就是所谓的顺应自然之理而生活。然而，在商业活动中，我却经常见到一些人经营企业时不顺应自然之理。

这种情况下想必大多会失败，而反之则会成功。换言之，就是顺应自然之理的经营才会成功。如果再说具体一点可能会引人发笑，那就是卖出去商品收回来钱。这是理所当然的事情，商品卖出去自然能收回钱。而如果我的进货价格是1日元，就要以1日元10分钱的价格卖出去。这就是我所说的自然之理。如果你将进货价格是1日元的东西以90分钱的价格卖出，就不符合自然之理，自然就会导致失败。这些看上去都是理所当然的事情，但我所遇到的此类事件，却不胜枚举。

第一章　买卖不属于"个人"

你对于确保利润的信念足够强烈吗

有个人遇到了资金不足的状况，需要设法筹集足够的资金，于是他就转而向别人借钱。被借钱的人没有表明不借给他，反而询问他为何资金不足，这个人便给出了一系列理由。结果对方说不能把钱借给他。为什么不能借呢？对此对方回答说："因为你其实是有资金的。你不是有很多债权吗？你本身就是债权人，何故要像债务人那样向他人借钱呢？"虽说这件事只是我从别人口中听说的，却是一个非常引人深思的故事。

这种无厘头的事情在日常生活中大概不会发生，但是在经营活动中却极为常见。比如，不去回笼应收资金而是不断向银行贷款，或是新项目总是处于贷款状态，等等。我想各位应该不会做这种事情，但就我四十二年的经验来看，在广泛的社会经营活动中，这种现象却极为明显。

关于这一点我自己也做了很多思考。我认为人们对于利润的追求远远不够强烈。既然从事经营活动就一定要确保利润，这一常识几乎无人不知，也无人不是如此做的。但是虽然如此做了，但你对于利润究竟渴望到何种程度呢？我想这一点非常值得怀疑。这也是日本经营者的一大弱点。

我也曾接手过两三家走投无路的公司。实地考察后我发现，这些公司技术优良，销路顺畅，员工也非常优秀，却陷入了经营困境。而背后的原因总的来说，就是在确保利润方面的信念十分薄弱，这一点往往会使公司陷入窘境。

这两三家公司在我接手之后运营得都很顺利，其实我并没有进行什么特别的改善。我只是对他们说："想要从事好经营活动，就一定要保障一定的利润。这是我们极为重要的义务。当然，我们要尽可能地降低成本，让自己不逊色于任何一家公司。这样的话，在低成本之上增添一定的利润，然后以最低的价格得到客户的认可。如果大家能够以此为目标不断努力，公司就能够在社会上屹立不倒。"

在我说完后，员工们纷纷表示："是啊，我们也是这样的，但是却没有如此强烈的信念，这才导致公司不断亏损最后耗尽了资金啊。"事实上这种例子不胜枚举，也往往是这种想法才导致公司陷入绝境。

资金回笼也是同样的道理。严格做好资金回笼固然重要，但具体要贯彻到何种程度，却是一个不甚明了的问题。如果遇到对方向你乞哀告怜，而你也认为这种情况的确无可奈何，那么资金回笼的事也就被这样含糊过去了。而多次这样的草率行事，往往就会导致公司陷入经营困境。在我看来，因为产品或者技术问题陷入窘境的公司并不多，而是由于上述这种原因导致公司走投无路的情况频频发生。

买卖不属于"个人"

仔细观察我们身边那些做生意的伙伴就会发现，有些公司经营得当，而有些公司经营不善，其背后都有一个关键原因，也就是经营者的经营信念。如果公司的经营者信念极为薄弱，就很容易导致公司陷入困境。

说到底，做买卖还是讲感情的。如果有人哭着求你，相信你也会同意让一点利，或者暂缓回笼资金的。这些事也都是无可奈何的，并且从某种程度上来说这也是件好事。但是，这样做也要有一定的限度，绝对不能超过这个度。在我看来，经营者越受情感左右，公司的经营就会越困难。

诸位经营的公司都并非中小企业，而是大型企业，所以想必都有自己的理念。我们通常说的中小企业都是以老板为中心开展经营，这种以个人为中心的经营活动受情感因素影响较大，也正是这种情绪支配暴露了企业的弱点。

因此，我们必须确保一种观念，即中小企业虽然规模小，但既然身为企业，就是属于公众的，而不是个人的。然而在这方面，我认为我们做得还不够，特别是日本的中小企业在这方面暴露的问题比较多。

同样地，大企业也需要认识到买卖不属于"个人"。虽然是私营公司，但其本质却是公众的公司，是公共生产机构，只不过是以公司名义或者个人名义经营而已。因为其本质是公众的公司，因此无论是让利问题，还是暂缓资金回笼，大家在进行一切决策时，都必须谨记，自己是作为肩负社会责任的一员在管理公众的公司。

在日本，人们习惯于在执行这种决策时拖泥带水。然而如果不能在某种程度上进行改进，日本将很难赢得繁荣。这一难题并不容易解决，但是必须作为首要问题加以重视。

作为肩负社会责任的一员看待经营

我从很早以前就意识到一点,松下电器并不是我"个人"的公司,而是"公众"的公司。在进行一切行动决策时,经营者都必须谨记,自己是作为肩负社会责任的一员在管理公众的公司。多年来,我一直秉持这一理念并将其付诸行动。

定价与获利亦是如此。在所有经营活动中,我并不是作为"我自己",而是作为肩负社会责任的一员在工作,其中不可掺杂个人情感。正因如此,当初的松下电器虽然只是一家小公司,却得以迸发出无比强大的生命力。

即使在某些场合涉及降价销售,我们也绝不会因为客户不愿购买公司产品而在价格上作出让步,这就是松下的准则。在我看来,判断降价这一行为的对错,需要区分业界人士以及公众公司负责人这两个视角。当然,话虽如此,毕竟是做生意。丝毫不懂得变通必然会招致许多弊端，因此偶尔酌情处理也是必要的。但一直以来，我基本都能够坚守这一准则，并将其作为公司员工的指导方针。

如果太过不近人情，有时也会遭到指责，但我想这种思维方式可能已经逐步渗透到以松下电器为中心的合作商之中，并促使他们的经营模式发生转变了。

如若合作商们的经营活动稳健有力，信念坚定，且公平公正，那么基于个人情感的销售行为自然就会消失。这也是我们秉承的指导精神之一。虽然执行起来确实不简单，但至少目前在我看来，唯有广大经营者都认识到这一点，国家才能走向繁荣。

资本权力化

现如今,人们从各方面提出对资本主义的批判。实际上,社会的繁荣究竟是否可以通过资本主义实现,公平的繁荣又是否可以通过资本主义实现,存在相当大的争论。几十年前基于资本万能论的旧资本主义已然遭到抨击,与其说是遭到抨击,不如说是越发难以令人容忍。

为何资本主义如此受尽抨击,令人无法容忍呢?在我看来,原因在于资本的蛮横行为,或者说是资本的权力化。所谓资本权力化,就是凭借强大的资本主义力量对他人的经营活动进行压迫。

美国之所以出台《反垄断法》,正是出于这样的考虑。持有雄厚的资本便可以形成垄断。为了在市场竞争中击败其他公司,不惜承受亏损也要低价销售。如此一来,弱小的企业只得向资本力量低头,被迫退出市场。

而后，一旦市场垄断形成，垄断者便会抬高价格，从而获取垄断利润。从资本主义兴起直至近年，这种现象比比皆是。然而，通过这种方式真的能够促进社会繁荣，或者说多数人的共同繁荣吗？答案是否定的。毕竟一将功成万骨枯。正因如此，凭借资本力量进行垄断才会变成如此令人难以容忍的行为。

只要资本主义仍旧是当今社会生产繁荣的核心，那么资本主义的糟粕就必须被去除。资本主义在实现资本家利益的同时，还应使另一方的大众也从中获益。为此，社会迫切呼唤一种全新的资本运营模式及资本主义运营模式。

当大型制造商进军新领域

关于这一点我想举个具体的例子。假设某公司坐拥巨额资本,那么它就必须不断开发新产品,同时出于商业需要,它也必须尝试新的领域。但是,这些新领域往往已经被一些走在前端的厂商占领。在这种情况下,不进军这些新领域也未尝不可。因为在这些领域中,已经有出色的经营者满足了市场需求。因此那些坐拥巨额资本的公司也没有必要涉足这些新领域进行制造销售了。

其实,那些拥有巨额资本的公司进入新领域并不会给相应领域造成负面影响。只是这一领域并不存在供给短缺现象。在我看来,尽管市场需求已经被充分满足,但从公司经营层面考虑,应该在某种程度上对外来公司进入某一领域采取认可态度。当然,前提是新进入的公司要遵守该领域迄今为止的规矩。

第一章　买卖不属于"个人"

虽然有部分大型公司在从事经营活动时的确充分考虑到了这一方面，但在现今的日本，仍有许多公司并未将这一方面考虑在内。比如说自家公司有幸发展壮大，同时坐拥巨额资本，那么公司便可以从更多渠道获取更高收益。而将其中一部分收益拿出来开拓新领域对于公司来说也是可行的。在这种情况下，正确的做法是将价值1日元的商品以1日元10分钱的价格售出。但一些初入新领域的公司却因为销路不畅而选择将商品以成本价出售。如此一来就会将该领域内已有厂商的节奏打乱，对其造成不利影响。我认为这种情况就可以认定为资本暴力。

资本主义就是从这一点开始逐渐崩溃的，这也是资本主义极为显著的一大弊病。因此，在进军新领域时，大家不要一门心思想着如何将他人的利益收入自己口袋，而是要将这一全新领域的种种情况都考虑在内，在确保一定收益的情况下合理定价。如果企业都能够做到这一点，那么很多问题自然就迎刃而解了。

钻研行业惯例

进军新领域的大型公司往往拥有过人的经营实力，制造技术也更为先进，因此其成本事实上要比其他制造厂商更低。这种情况下自然也可以将商品卖得更便宜。这可以认为是一种进步。但是在各领域都存在一些不这样做的企业，它们采取薄利多销的经营方式。这种做法是非常不合适的。

对于这种现象我们应当如何看待呢？在我看来，这种行为是绝对不可取的。这也是我一直以来秉持的经营理念之一。从经营方面来看，松下电器的确需要不断尝试新的领域。但是在踏入某一新领域之前，必须认真钻研并遵守该领域的惯例及习惯。

我认为以这种方式进军新领域是可以被接受的。这种做法源自公司的经营理念。今后的经营者在从事经营活动时必须牢记这一点，否则就会对资本主义本身造成损害。

因此，考虑到这一点，无论生意大小，我们都应该采取此种经营方式。这种思考方式也是极为重要的。正如我刚才所说，一家公司是否能够顺利发展，取决于其是否能够坚决果断地完成全部应当完成的任务。只要能够做到这一点，那么无论是什么公司，通常都不会陷入困境。

此外，如果这种意识能够成为行业共识，那么行业一定会蒸蒸日上。反之，如果这种意识淡薄，同行之间只是一味地明争暗斗，那么整个行业便很难向好发展。

坚决反对薄利多销

大家都知道有一种做法叫作"薄利多销"。这种销售方式在第二次世界大战中就曾出现，战前政府更是一度对薄利多销进行嘉奖。此外，许多前辈和业界先驱也认为薄利多销似乎与道德并不相悖。

但是静下心来仔细思考就能发现，这种做法其实并不可取，薄利多销绝不是应当被褒奖的做法。厚利多销还能够理解，但是薄利多销绝对不能被容忍。虽说不能容忍薄利多销，然而适利多销是可以的。我认为，不应当对薄利多销进行褒奖，我本人一直以来都对这种做法持坚决反对态度。

为什么这么说呢？因为薄利只能为少数特定人群带来成功，而多数人则会因此疲惫不堪。国家如此，而此类人士云集的业界和经济界亦是因此尽显疲态。因此我一直认为薄利多销并不可取。

最近很少听到薄利多销这种说法了。我认为这是一种很好的现象。众所周知，1935年前后，报纸、杂志都对薄利多销极为推崇。但就像我先前所说的，自那时我就认为这并不是什么好事。

从竞争层面上来看，为了获取一定的利润，我们必然努力降低成本，进而降低售价。某家公司的商品售价非常便宜，但是它自然也应该在充分保证利润的基础上卖得便宜。这样做自然无可厚非，事实上这也是一种进步。能够做到这一点得益于制造技术上的巨大进步。而其他公司若因此而蒙受巨大损失也是无可奈何的事情。因为这是一种进步，所以即使吃了亏也不得不去忍耐。在我看来，这种通过降低成本降低售价的竞争方式才是应当被极力推崇的。因为这种竞争方式会拉动日本业界快速进步发展。

当然，也有很多公司的目的并不在此。它们舍弃本应得到的利润降价销售，只为在竞争中取胜或是抢占市场。诚如各位所知，这种思维方式是我们必须摒弃的。因为这种做法绝不会带来进步，只会引起行业混乱。虽说混乱时期也会催生出伟大的发明，但我们还是要杜绝这种混乱的出现。这也一直是我们公司长久以来的经营理念。

  我们应当坚决抵制这种毫无意义的竞争行为，并在日本范围内极力倡导公平公正的经营活动。要做到这些并不容易，尽管有诸多不易，我仍旧会以自己的方式坚持这一理念。想要获得客户的信任，就不能过分降价。要让客户欣然按照我们的定价，购买我们的产品，才有利于商品销售。

零售商也能赚取高额利润

也有一些公司指责我们的售价太高,终止与我们的合作。尽管如此,多数公司还是赞成我们的方针,并且愿意遵循这种方针开展经营活动的。我认为能够做到这一点的公司必将稳步发展。

如果我们针对零售商开展调查的话,也会得出同样的结论。我们总是认为优秀的零售商总是把价格定得很低,但事实绝非如此。就像我先前所说,一定要保证一定的利润。

因为是零售商,面对客户时,一定会尊称对方为"老板""先生"之类的。"先生,您看,我就只是从中赚取一点儿利润,就只有成本价的15%,剩下的都算给您的优惠。而且我们还提供售后服务,所以请您买一个吧。"这就是零售商的推销方法。换言之,就是说服对方,让对方认可自己可以从中获取充分的利益,从而进行推销。

也并非所有零售商都是如此。有的客户跟他讲价，说别的地方卖多少多少钱，要是不便宜点的话就去别人那里买。这时候他们往往想着如果客户真的不买可就划不来了，于是便会选择将商品便宜卖给客户。这种零售商又会觉得内心愤愤不平，就常常来向我诉苦。

这时我就对他们说："这可就是你的不对了。因为你在做买卖方面缺乏一个信念。你并不是慈善家。付出劳动获取报酬是天经地义的。为什么不去努力争取呢？如果做不到这一点还是不要做买卖为好。你所希望得到的报酬，是理所当然被社会所认可的。如果你无法得到对方的认可，就说明你不具备商人的素质，应当放弃从商。否则，你就应该竭尽所能让对方认可你的诉求。我认为一定是有办法获得对方认可的。"我最近很少有机会与零售商见面了，但此前我一直都是当面与他们讲清这个道理的。

在听完我的观点之后，他们都勇气倍增。再面对客户时，他们会基于对上述道理的理解，以自己的方式与客户进行沟通。

如此是可以得到客户理解的。如果是暴利或是获利过高,客户自然不会同意。但是如果价格公正,利润合理的话,是完全可以得到客户认可的。"是我的错。我不该跟你砍价的。这些利润是你应得的。"这样,难题便都迎刃而解了。

牺牲性销售是一种恶行

这种想法可以帮助我们将客户固定下来。这样极具信服力的话语能够在我们与客户之间缔结一种缘分。总的来说就是通过这种方式实现心与心的交流，如此反复，客户就固定下来了。通过这样的表达方式，从前那些总是讨价还价，偶尔光顾的客户，就会成为你最忠诚的客户，从而使你的利润得到保障。这种事例不胜枚举。

在我看来，这种情况无论是对于大型企业、中型企业，还是零售商来说都是一样的。要说因为是大型企业所以必定会这样做，其实也未必全都如此。我也经常遇到大型企业做一些令人费解的事情。我认为这种事情归根结底还是信念的问题，正是由于他们将买卖视为"个人"行为才会导致信念薄弱的。

买卖无论规模大小，都应是"公共"行为。因此，无论是制定价格还是回笼资金都必须站在"公共"的立场进行取舍选择。唯有如此，具备了肩负这种责任的自觉，才能够成事。这也是我过往一直坚守的方针。

我也时常思考，这种方针是否永远适用。因为即便在自己看来，这一方针非常完美，也会带有时代局限性。或许对于某一时期极为适用的方针并不适合另一时期。即使某件事情其本身是完全正确的，也会因社会形势的不同而被赋予不同的判断。这一点是我们不得不承认的。但是就我当下的心境而言，我认为我们必须努力让这种方针在某种程度上被当下的时代所接受，这样的做法才是正确的。

因此，正如我方才所说，当我们踏入某一新领域开始产品制造时，为了抢占市场而进行牺牲性销售是一种罪恶的行为，是绝对不能被接受的。这就是我们今后应遵循的方针。这种恶行虽不受法律制裁，但其本质却是一种罪恶，是比窃取他人财物更加恶劣的行径。我认为，我们每个人都应充分认识到这一点。

总的来说，以正确的方式进入某一领域是应当被允许的，也是为人们所接受的。这是我们全体业界人士都应遵守的法则。

第一章 买卖不属于"个人"

立于道路中间的邮局

最近我去了一趟欧洲,下面我想讲讲自己在这段旅程中的一些感想。

时隔八年我再次去了荷兰。同我有着贸易往来的公司坐落在一个人口约十六万的城市。这家公司是该市规模最大的公司,并且仍在不断发展壮大,而整座城市也在这家公司的带动下不断繁荣发展。久而久之,这座城市发展得比其他城市都要迅速。

随着城区规模的扩张,郊区逐渐变成城区。这几年间,城市发生了翻天覆地的变化。其中最为显著的就是一所立在道路中间的邮局。我对这一景象感到十分惊奇。为什么道路中间会有一所邮局呢?

同行的人解释道:"哎呀,觉得奇怪也是情理之中的事。其实是这里的道路拓宽到了原来的三倍,邮局还留在原地没有移动。现在为了把邮局搬走,正在别处建新的邮局呢。再过一两个月这个邮局就会拆除了。因为新的邮局还没建好，所以现在还在用原来的这个邮局。"

于是我又问道："就是说把邮局的搬迁放在最后，先处理普通居民的住宅拆迁吗？""是的，因为要拓宽道路，所以要求这里的居民都搬走。大家都很高兴地搬走了，但是下达指令的政府要留到最后。当然，邮局也会按照计划营业到规定时间，然后搬离此处。"

政府的建筑要按照规定时间搬离，其余的居民住宅则早于规定时间先行撤离。听到这里，我心里生出一种极为异样的感觉。如果这件事放在日本会如何呢？在日本，政府在下达命令后，一定会率先撤离吧。那么普通居民的住宅是否会同政府一同搬迁呢？我询问了许多东京类似的事例，但最终恐怕答案是否定的。我觉得留到最后的应该是民用住宅吧。在这一点上，两国之间的差异巨大。

第一章　买卖不属于"个人"

荷兰人对于德军的看法

大家都知道，荷兰的街道非常干净，这一点无须我多言。荷兰街道的美丽令人震惊，也非常整洁。可以说这里几乎没有穷人。在乡下，我发现了一间令人赏心悦目的农舍，农舍的窗子被漆成蓝色。但进去一看才发现，这里其实是一间牛棚，我竟误将牛棚错当成漂亮的农舍了。那一带的建筑几乎都是这样的。

街道美观，房屋悦目，原来这片土地已经发展得如此繁荣了。而正如我刚才提到的，为何这里能够繁荣发展呢？这是因为大家都有着一颗向往繁荣的心，并非常愿意为此通力合作。我认为，荷兰之所以能够有今日的繁荣，其中一个极为重要的因素就是这种全体国民共有的合作精神。同时，政治方面也极具利好因素。政治开明，国民高度配合，才铸就了荷兰今日的繁荣。

在我访问荷兰的那段时间，发生了哈格蒂事件①，这也引发了荷兰人的担忧。"为什么日本和美国之间会变成这样呢？我们也曾考虑过反对《日美安保条约》，但是我们认为这对日本来说其实是非常有利的。"同时荷兰人也表示，现在荷兰也在接受德军进驻。

这令我产生了一种异样的感觉，于是我追问道："德军进驻荷兰真的是事实吗？""是事实。""为什么要这样做呢？荷兰国民对这件事持怎样的态度呢？"我之所以这样发问，是因为我认为荷兰国民一定是对德军进驻持反对态度的。

众所周知，第二次世界大战期间，荷兰被德国占领了长达三年。当时的种种苦痛经历至今仍令荷兰人无法忘却。因此，荷兰人对于德国军队的态度普遍都不友好，自然也不会欢迎德军进驻。那为

---

① 1960年6月，为艾森豪威尔总统访日打前站的美国总统新闻秘书哈格蒂抵达羽田机场，在机场出口处被反对《日美安保条约》的示威者包围。最终哈格蒂乘坐美国海军的直升机脱身。

何一定要迎德军进驻呢？因为，仅凭荷兰的军事力量驻守北大西洋公约建立的防卫地区稍显不足。如果能够扩充军队，凭借自己的力量捍卫国家领土固然很好，但如今荷兰的人口并不足以这样做。尽管荷兰的劳动产业十分发达，但劳动力却十分紧缺。

在与这家公司的负责人会面时，对方也向我倾诉了人手不足的苦恼。"日本有人能来这边帮忙吗？可以签订为期三年的合同，月薪一万六千日元，还包食宿。如果能够干满三年的话还可以报销往返路费。"由此可见这里的劳动力有多紧缺。据说，这家公司由于人手不足从周边国家招聘了四五千人。

可即便如此，劳动力仍然不够。在这种情况下，想要通过扩充军队来捍卫领土从经济层面看是非常困难的。因此，允许德军进驻荷兰，无论对国家还是国民都是有利的。但是，这样对于国民来说在情感上很难接受，那么该如何做呢？为此，政府从全方位角度为国民详细阐明了其中的利害关系。

例如，如果扩充军队的话会如何，如果允许德军进驻一部分防御要地又会如何。最终政府得到了国民的理解和赞成，进驻也于一年半前顺利得以进行。

今后的繁荣与政治密切相关

听完后,我说:"原来如此,我明白了。贵国发展迅速,但是人手不足,所以这种做法很恰当。您的话对我来说极具参考价值。"回到日本之后,我与日本高层政要谈论了这件事,对方表示从未听说过这些。我只是讲了一部分在荷兰的见闻,与我交谈的这位政治家并不了解这些情况。

由此我深感荷兰的政府组织运营十分得当。也正是得益于此,荷兰才能在繁荣发展中令人感受到那里的贫困阶层正在逐步消失。同样地,在德军进驻这件事上,政府也与国民进行了充分讨论,最终使得全体国民尽管在情感上存在抵触情绪,仍然接受了德军进驻。我认为政府的这种做法非常值得效仿。

在我看来,我们每个人都应熟知此类国情案例,并将其作为参考。遗憾的是,日本的高层政要却对此知之甚少。这一点非常引人深思。

由此我意识到,日本今后的繁荣,包括公司的经营都与政治密切相关。当然,任谁都不会觉得这些与政治毫无关联,但是相较来说,经济界人士对于政治总是关心较少,或者说是不感兴趣。在他们看来,政治就是政治,完全是另一回事。虽然政治与我们的工作确实有所关联,但是却不会主动去考虑政治方面的事情。

这就导致政府在这方面也极为怠惰,不去思考如何改良结构性冗余。我们不需要全体国民都去提升对于政治的关心度,也不需要国民都去从政,但是我们需要对国家政治向着更好方向发展抱有更加强烈的期盼。因此,面对从政者,我们要应说尽说,让对方充分了解我们的需求。一方面尊敬他们,另一方面也要不断督促他们履行职责。也就是说,我们必须将自身置于主权者的地位。

所谓民主主义,就是国民掌握政治大权,做国家的主人。身为主人,就必须考虑应当以何种态度面对政府人员。但是,如果国民作为主人,却对政府人员的工作丝毫不关心，就会导致国家政治越发漏洞百出。从这一点上来看，无论如何都应当是从商者作为主角对政府方面提出要求。不论大小企业，都应以主人的身份更加积极地思考如何让政府人员更好地履行其职责。这也是我在访问荷兰期间的深切感受。

进口泥土，修建道路

由于工厂之间相隔较远，因此在荷兰的二十多天里，我为了考察更多的工厂而四处奔波，每天都要赶三百公里的路。在这二十多天的时间里，我一起事故都没有见到。尽管汽车行进时速在100—150公里区间，却并不令人感到害怕。或许在别处有事故发生，但在我目之所及范围之内没有见到一起事故。除此之外，这二十多天的时间里，由于道路损坏导致单向通行的情况我也一次都没有遇到。仿佛让人觉得这里的道路一旦修缮完毕就永远不会损坏。

尽管如此，荷兰仍在不断地修建新的道路。在我看来道路已经足够多了，但是他们仍然在农田中间修建着宽阔的道路，并且用来修建道路的泥土竟然还是从国外进口的。我也是这次去到荷兰才知道，日本国内有很高的土丘，所以有充足的泥土来修建道路，而荷兰国内却并没有适合修建道路的泥土。尽管这样，荷兰还是不惜从邻国进口泥土来努力完成道路的修建。

这是因为，不仅是荷兰，在欧美各国的观念中，道路是国泰民安的基石。修建房屋、工厂都很重要。但是想要建造这些，首先必须修建道路。否则，即使建成工厂，其中的机器也无法充分发挥作用。因此，必是道路为先，道路才是繁荣之本。这种观念在他们的脑海中根深蒂固。

如果没有这种观念，他们也不会修建如此四通八达的道路。在日本的观念中，修建道路会耗费大量财力，因此这种花费太多金钱的事情要尽量避免。而他们却认为修建道路是最有利于财富积累的。

在他们的观念中，如果道路没有修好，就会在很大程度上影响赚钱的效率，或者根本赚不到钱。我认为两方想法的最根本的不同之处就在于此。若非出于这种考量，他们也不会不惜进口泥土也要持续修建那些在我看来不是十分必要的道路。

对此，我们也必须认真思考，在修建道路这件事情上，我们究竟在多大程度上向政府方面提出过要求呢？我们总是在见面时抱怨日本的道路质量如何恶劣，却从来没有讨论出过一个具体的结果。我们仅仅是停留在倾吐不满的阶段，而到了思考解决方案的时候却又仿佛事不关己。

　　无论如何，为了我们经营的公司能够繁荣发展，首先必须努力让政府将道路修建完善。否则，我认为日本的繁荣程度就无法超越欧洲。

第一章　买卖不属于"个人"

欧洲经济共同体框架下的繁荣

特别是去年（1959年），欧洲六国开始成立经济共同体，并将于九年后完全建成。每年都向着破除贸易壁垒稳步迈进，直至壁垒完全不存在，从而实现经济共同体的建成。如此一来，共同体区域内人口将达到一亿六千万。这一亿六千万人将在经济层面上构成一个整体。换言之，就是拥有与美国等同的人口数量。这样一来，欧洲便有机会实现超越美国的繁荣。

目前在这一区域中，六个国家相互分隔，国与国之间的交易手续非常烦琐。与此相对，美国由于各州之间手续互通，经济发展十分迅猛。同样是一亿六千万的人口，但欧洲却因为彼此之间壁垒重重，加之贸易关税的影响阻碍了一系列经济活动的开展。而如果这些国家合为一体，自然会向着繁荣兴盛不断发展。

他们清楚地意识到，欧洲很有可能因此实现超越美国的繁荣。或许在建成之日的凌晨时分，其余的国家也会加入进来。如此一来，欧洲便建成了一个人口多达两亿七千万的自由圈。这一人口数量比美国还多一亿，自然更有希望实现超越美国的繁荣。

从多个方面来看，在欧洲经济共同体建成后，欧洲的生活状态将有可能超越美国。就生活本身来看，由于欧洲生活较为质朴，经济生活层面也比美国更为先进，因此很有可能实现欧洲人所期待的超越美国的繁荣。到那时，日本究竟能在何种程度上保证自己不落后于时代的浪潮，将成为非常严峻的问题。

第一章 买卖不属于"个人"

只靠经济界的努力还不够

我之所以这样说是有原因的。从最近四五年的情况来看,日本的经济增长率达到了8%—10%。这一数字高于世界上任何一个国家。因此,我们暂且可以安下心来,享受辉煌成绩带来的自豪感。

过去,日本军部曾认为日本战无不胜,因为每次战争日本都能得胜归来,所以便认为我们即使怀着更大的野心也能够凭借实力取得胜利。但事实上最后战争的结果却完全相反。如今的日本经济界也是如此。近四五年间,日本在第二次世界大战后经济发展十分迅猛,甚至让人渐渐觉得日本拥有了追赶甚至超过世界各国的能力。曾经日本军部误以为日本拥有征服世界的实力。而如今,日本的经济界也同样陷入了这样的错觉。

我认为,如果真有这种想法那就是大错特错了。为什么这么说呢?因为在我看来,日本此前所达到的增长率都是理所应当的。因为所谓的标准经济发展实际上是非常低的。即使日本的增长率有所上升，想要追赶上世界的步伐仍旧需要花费难以估量的时间。因此，在当下这种情况下抱有这种想法是大错特错的。

此外，我们也不应该从这种角度思考问题，而是要看清事物的本质，认识到我们与世界的差距仍旧非常巨大，因此无论我们如何奋力追赶，以当下日本的政治形态终究是追赶不上的。

我之所以这样说，是因为经济的发展只靠经济界自身的努力是有限度的。为此，无论如何都需要在政治改革上下功夫，必须想方设法降低政治方面的各项成本。而事实上，日本的政治成本是世界最高的。究竟高到什么程度，是无法用数字衡量的。凭经验直觉来看，确实是非常高，而且看不到任何改善的迹象。

第二次世界大战后至今，我们的发展在很大程度上都是依靠美国的援助。商业经营之道，工厂运营方法等等，都是美国手把手传授给我们的。美国经过多年努力，最终培养出了许多强力的竞争对手。他们花费数十亿美元将自己所有的宝贵经验都传授给了日本，并带动日本发展至今。正是得益于这份援助，才有了日本的今天。

而日本的经济界对于此事又理解多少呢？我相信经济界一定在某种程度上对此有所理解，但我不能确定政府方面是否理解。或者与其说是政府，不如说是政客们对此是否理解。

随着日本逐步发展，美国便渐渐开始放手不管了。无论是美国也好，其他国家也罢，当我们失去外界援助的时候，我们是否还能维持良好的发展势头呢？在我看来很难。首先我们必须做的就是将政治本身合理化，从而做到大幅削减政治方面的经济成本。

议员越少效率越高

说了这么多，不如让我们来看一个最简单的例子。洛杉矶的人口约为450万，大阪为350万。坐拥450万人口的洛杉矶议员仅为15名，而大阪的议员却多达百人。100人所消耗的经费肯定要更多。繁荣富裕的洛杉矶仅有15位议员，所耗费的支出很少。而大阪人口比洛杉矶少100万，也不及洛杉矶繁荣，却有上百名议员，多到市长根本无暇顾及。这样下去，政府效率自然无法得到提升，也让人看不到丝毫转好的迹象。

大阪和东京的议员都曾多次前往美国进行市政考察，但回来之后也只是感叹这好那好，从来没有人指出他们的议员人数只控制在15人。这种做法非常经济高效。因此，我们应当将议员数削减至比美国更少，或者再不济也要与美国等同。然而当下大家却都对此沉默不言。

第一章　买卖不属于"个人"

目前日本的情况就是如此。因此，无论是中央政府、县[①]还是市，其政治都无法从根本上发生改变。以这样的政治状态，我们能够凭借自身力量超越欧美吗？在我看来是不可能的。因此，我认为经济界人士必须群策群力，促使政界人士降低政治成本，并修建更多道路来降低运输成本。然而现实情况却是，人人都认为应当这样做，却没人真正去做。

也许有人会说："既然你这么说的话，那你去当市议员或者国会议员吧。"但是在我看来，术业有专攻。政治就该政客搞，经济就该经济人干。如果我真从政的话是不是一定能做好呢？其实我自己也没有把握。我想还是从商更适合我。

虽然对于我来说，从商更为合适，但是同时也必须向政治界积极提出自己的诉求。在我看来，诸位也应如此。虽然我们同为经济界人士，但也必须

---

① 一种日本地方行政区划，明治维新后日本废藩置县，目前日本共有一都一道二府四十三县。——编者注

在政治方面共同努力，毕竟我们的目标是相同的。我们必须群策群力，将自己心中的美好愿景以更加强有力的形式传达给政界人士。目前这种力量还远远不够。

即使真到了政治家跟前，大家也都对此闭口不言。偶尔有大臣到访大阪，大家也都是说些迎合奉承的话，没有人真正去向大臣追问，或者即使追问了，也往往得不到想要的结果。所以，这种行为也被认为是一种无谓的努力。目前的形势就是如此。

第一章 买卖不属于"个人"

配合拆迁是光荣的牺牲

前不久,联合国的阪神城市调查团来访大阪。我想他们大概也走访了东京,但是东京已经病入膏肓,无药可医了。对于他们来说,东京的治理已经无从下手了。大阪的情况也与东京相似,估计调查的结果不久就会公布。在此期间,我见了一个人。对方表示有件事他不太理解。

于是我便问他是什么事情。他说:"无论是城市还是道路都需要开展合理化的翻新建设。为此,政府需要征收土地,或是要求住民迁出,来推进公共建设。这些事情都是个人无法完成的,因此政府都会依照民众期望行事。无论是哪个国家的国民都会配合政府完成这项工作。然而在日本,如果政府想要替国民修建道路、拓宽街道,或是修建社会公共设施的话,国民就会群起攻击政府,说拆迁是不民主的。这一点我百思不得其解。"

"政府就是为此才存在的，如果没有政府的话这些事情就无法完成。因此，政府替我们修建道路。而对于为此需要迁出这片土地的人来说，这也是一种光荣的牺牲。正是这样，全体国民才能更加幸福，同时他们自己也能够收获这份幸福。但是在日本，虽然有时勒令迁出的方法有些粗暴，但无论政府采取何种方式，国民都会认为这种做法不民主，甚至引发骚动。为什么在日本会发生这种事情呢？在我的国家，面对拆迁时是不会发生这种事情的。大家都把这种事视为一种光荣的牺牲。他们一定会高高兴兴地迁离原址。因为大家面对拆迁时都抱有这种态度，所以道路修建得很快，而他们自己也能从中受益。为什么在日本没有这种想法呢？这是我来到日本之后，百思不得其解的一件事。"

我非常羡慕他。我想如果日本国民也能抱有这种想法，那么日本的繁荣程度追上他们的那一天也就指日可待了。修建一条道路，在他们的国家只是一瞬间的事情。说一瞬间有点过了，但的确非常迅速。但如果放在日本，怕是花费十年都难以建成。

究其原因，不是建设工程耗费时间，而是拆迁需要时间，因此才建不成。这种事情一年到头反反复复，如此下去，日本经济就只有败给欧美的份儿了。

因一家反对而中断工程

时至今日,这种事情仍未在国民的思想和观念中形成一种常识。前段时间,我在东京听闻从新桥始修的高速公路目前停工了。为什么会这样呢?因为河边有一间牡蛎船家连续三年拒绝拆迁。这间船家过往确实一直坐落于那条河边。然而在这三年间,由于这间船家始终拒不拆迁,导致工程只得中断搁置,造成了极大的损失。然而奇怪的是,没有人把这种损失当作问题。

现在邮寄东西速度非常慢,基本上十天也到不了。邮寄物品是一个重要的问题,即使晚到一小时,也会对国民生活以及经济发展产生很大影响。然而奇怪的是,一个月来,对于这种迟到十天甚至更久的情况,报纸上却一篇报道都没有。

如果在我们生活的方方面面都出现这种现象,那么必然拉高经济活动的成本。而各种社会状况以及政治本身所造成的损失更会反映在产品的成本上，导致我们在竞争中败下阵来。

目前我们还在向美国贷款，并接受多方援助。正是因此，我们才能发展到今天。但是，随着日本的发展，我们终究会在不久的将来失去这些帮助。到那时，日本该如何发展将很成问题。

天下钱归天下人

众所周知,三池坐拥数万名员工和数百亿日元的资产,却几乎很难赢利。或许因为这属于劳动问题,无可避免。还有一种可能就是国家对煤炭的需求量不断下滑导致产业逐渐衰败。但不管怎么说,我认为耗费几万的人力资源和数百亿国家资本,却不能赚取利润,这是令人无法接受的。

而人们究竟在多大程度上理解这种行为为何令人无法接受呢?其实一点也不理解。我认为这属于国民常识的范畴。即使在今天,法律规定资本属于私人所有,但事实上资本在本质上还是属于社会的。人亦是如此。我们将社会的人力资源整合到一起,开启了经营之路。我们的经营活动如果不能产生利润,那是无法令人接受的。这是我们必须清楚认识到的一点。

那么现如今人们的普遍看法是怎样的呢?如果

第一章 买卖不属于"个人"

某一从事经营活动的人坐拥雄厚的资本和丰富的人力资源，却出于某种原因导致企业停滞不前，那么我想无论是什么原因，大家都会对他表示同情，亲朋好友也会替他感到惋惜。这是人之常情。从个人情感和人情世故的角度出发，这也的确无可厚非。但是从"公共"的角度来看，这种事情却是应该受到责罚的。

动用天下的钱，劳动天下的人，却无法赚取利润。这种行为对于社会来说没有任何贡献，从本质上来说是应当受到惩罚的。而对于这种从本质上应当受罚的行为，人们却从感情和人情角度出发给予同情。我认为这从根本上就是错误的。

就是因此，日本的经营才会逐渐走下坡路。或者还有一些人按照个人意志粗暴地进行管理，给其他人造成极大的不便。这类问题非常常见，必须及时加以纠正。为此，管理层和员工们都需要认真思考、明辨是非，以更加端正的态度不断探索正确的道路。

劳动争议中的日美差异

在我看来日本的经营者非常可怜。因为日本的经营者在承受着高昂的政治成本的同时还面临着极为混乱的战争因素影响。此外，劳动问题也令人担忧。考虑到这些，我深感日本经营者肩负的担子非常沉重，大家的处境十分令人同情。

在这种痛苦的环境之下，我们发展到了今天，我认为这非常值得赞赏。日本经营者面临着如此艰难的局面，必须拥有克服苦痛的坚韧。

为什么这么说呢？我曾去过欧洲。如今的欧洲已经几乎不存在劳动争议问题了。我去的公司都有劳动工会，且一家公司就有三个工会。为什么会有三个呢？这涉及宗教问题。因为有新教、旧教还有其他宗教，以这三者为中心就形成了三个工会。

在欧洲，不存在无意义的劳动争议问题。只有在经营者出现重大错误的情况下，劳动工会才会出马，若不是重大的错误，是不会诱发政治运动的。在这点上凭借工会的力量可以轻松应对。这样看来，对于劳动工会，人们需要担忧的地方非常少。

但这并不意味着他们对劳动工会和劳动问题漠不关心。即便有这样的工会，你仍然能感受到经营者在以自身的睿智决断来给予劳动者优待并寻求更加优良的待遇方式。为此，他们愿意学习世界各国的优秀经验，这就是他们的经营态度。

日本企业与工会之间的矛盾越来越激化，这促使经营者们逐渐醒悟。一方面，他们对此感到十分苦恼，而另一方面，他们也开始认真思考劳动者待遇问题。虽不能说劳动工会过于粗暴，但就现状来看，欧洲的确几乎不会出现政治斗争引发的劳动运动、劳动争议问题。

在美国，劳动问题时有发生，也包括罢工事件。前不久还发生了一起钢铁工人大规模罢工事件。从报纸的报道来看，美国同样面临着与我们相同的问题，然而实际上二者本质却截然不同。

最近又发生了此类争议，但在签订两年半的协议后，至少在两年半内就不会再生出事端了。而到了两年半后，随着物价的上涨，人们的平均生活水平也会提高，这时就需要考虑上调工资标准。如果处理得当，那么在未来两年半或者三年时间内都不会出现劳动争议。而日本则是每年都会提高工资标准，因此也多少引发了一些运动和斗争，动辄就有罢工事件发生。但是在美国却不会发生这种事。

就这一点来看，劳动问题只在日本如此严峻，这很成问题。相信各公司都因劳动问题烦心不已。在我看来，这一问题未来将在日本持续存在。既然如此，我们必须对此做好充分的思想准备。

不可逾越的红线

在劳动问题上，我都会在心中认真思量，而后采取行动。当然，妥协在某种程度上也是必要的，但是必须坚守住一条不可逾越的红线。否则，公司将无法稳定发展。

从过往经历中不难发现，如果我们逾越了这条红线，将很有可能给公司和劳动者双方带来难题。但是劳动者的领导阶层也有可能考虑不到这些，因此他们总是不停煽动，引发争议。

其实这么做的只是其中一部分领导阶层，他们与真正意义上的劳动者并不等同。我们应当思考如何将劳动者的幸福与公司的稳定发展相结合。在这个问题上，不同的人有不同的看法，经营者们对此的认识也不尽相同。但是，无论如何都有一条红线，如果逾越了这条红线，将导致劳动者和公司都陷入困境。

我们必须守住这条红线。我也曾遇到过这种情况，当时出于这种考量我坚决守住了这条红线。虽然也有守不住的情况，但那实属万般无奈。如果能力不足，实在守不住红线的话，我认为也是没有办法的事。

在我看来，为了今日生存而牺牲明天是断不可取的。若是这样，不如选择玉碎。虽然一家公司倒闭会让员工们陷入困境，但整个行业并不会受到影响，业界可以通过其他途径确保生产供给。在当今社会，一家公司因倒闭而中断供应、停止生产那也只是这家公司自身的问题，遭难的是公司的股东和员工，与第三方无关。如果影响到了第三方的话，那么这件事情就会成为社会问题。这种情况下，社会是不会让其破产倒闭的。

我想在当今社会，应该不会有哪家公司倒闭会导致这种情况发生。因为不存在垄断公司的问题，只是当事人遭遇难题。如果是这样的话，那么事情的影响就很小。如果影响很小的话，在面临是否要逾越这条红线的抉择时，便可以选择不惜破产倒闭也要守住红线。即使是经营良好的公司也要在所不惜。这就是这条红线的不可逾越性。

我认为那种"船到桥头自然直",今天暂且妥协一下的想法是非常懦弱的,也是一种对从业人员的漠然。我认为这种经营方式断不可取。虽然我的想法正确与否还有待考量,但是作为经营者如果没有这种透彻的思考,就会导致极度不安,总是畏首畏尾。

劳动者与公司的利益终归是有一致的地方的,无论到了何时我们都要坚守这些利益一致之处。如果守不住则不如将公司解散。这样做所造成的损失只限于当事人,不会对第三方造成丝毫影响。这就是当今各行各业的一大业态吧。当事人互相争吵彼此伤害是常有的事,但如果这种争执波及毫无过错的第三方,那就成了问题,需要另当别论。但这种情况很少。

舍身探求正确道路的精神

上述理念是对劳动者的关怀,是对公司的保障,也是对股东履行责任。如果公司濒临倒闭,或者更加糟糕的境况,那么这种不幸也是情有可原的。如果你能抱有上述理念,那么在我看来是不会发生这种糟糕的事情的。

事实上,迄今为止都只有经营不善的公司会面临解散,从来没有哪家生意很好的公司会倒闭或关门。我觉得这是一个问题。如果等到已经山穷水尽再解散公司就为时已晚了,最好是在还没有走到穷途末路之前就解散公司,但是这样的例子却几乎没有。

因为有这种觉悟的公司往往依然能够与外界保持沟通,进而探索出新的光明大道。又或者是公司从一开始就从没有过这种想法,也就自然不会出现这种情况。关于工人运动的对策,虽然人们有着各种各样的看法,但在我看来,我们必须拥有舍身探求正确道路的精神。

我一直认为，经营者必须敢于拼上性命在自己认为正确的道路上投下赌注。否则，就不适合从事经营事业。因此我认为这也是一件极为简单的事情。这就是作为经营者的一大觉悟。

对于人类来说，最难能可贵的就是在该退场的时候退场。战争亦是如此，能够在该撤退的时候撤退的人非常了不起。明知应该撤退却坚持战斗的将军却是在将国家推向毁灭的深渊。我认为，在该退场的时候退场，对于经营者来说是非常重要的。这种例子在过去也曾上演，但是最近来看，这种想法逐渐被人们抛弃了。在我看来，时至今日这种理念仍旧应当被作为时代主流加以复兴和推崇。否则，日本将很难赢来真正的繁荣。

荷兰只有 10 所大学

最近，日本的大学数量极为不足，大学生也不够。据某学校消息，本年度机械专业的毕业生只有 40 人，却有 300 多家公司申请用人，需求总人数约 500 人。这虽然是我从某位老师那里听来的，但是现在的情况大概就是这样。

而那所学校则根据公司迄今为止的业绩向每家公司推荐一名毕业生。这样一来，学校不得不拒绝掉 260 多家公司。这件事情非常令人遗憾，但这就是日本今年（1960 年）的现状。

于是政府计划增设学校，同时我们民间力量也积极创办大学，或是由公司向学校捐赠以增加班级数量。这些都是极为重要的灵活处置措施。但是在荷兰，我向别人问起荷兰有几所大学，得到的回答是 10 所，工科类大学则只有 1 所。尽管今年新增设了 1 所，总共也仅有 2 所而已。

综合性大学中，规模最大的高校在校生为5000人。如果以平均每所学校3000人来计算，荷兰全国10所大学合计也只有3万学生，这就是荷兰的现状。那么荷兰的人口有多少呢？大约是1100万。而正如诸位所知，我国有580所大学，其中学生人数最多的大学有4.5万人。在荷兰，一所大学最多只有5000名学生，且只有10所大学。而在日本却有着580所大学，且人数最多的大学的学生数达到了4.5万。由此可见，两国的大学数量以及大学生数量上的差异是多么巨大。

那么荷兰是否在科学发展等方面逊色于其他国家呢？我认为并没有。即使道路只有一条，他们也会踏踏实实地走下去。

荷兰依然处于领先地位

这次去荷兰我拜访了几位大人物。第一位的家中有一台荷兰座钟，高约 2 米，宽约 30 厘米。那是一件老古董，说起它的历史那可是足有 400 年了，而它现在仍然在正常运转，这令我十分震惊。而接下来我拜访的地方也摆放着一台古董座钟，有着 300 年的历史，而这台座钟也在正常运转。当日本还处在织田信长合战的战国时代，荷兰就已经制作出钟表并投入使用了。

有位名叫伦勃朗的画家，是欧洲数一数二的著名画家。我在荷兰期间，正巧赶上了伦勃朗画作拍卖。有人告诉我："这是千载难逢的机会啊，你真走运。如果你想买他的画作，现在正是好时机呀。怎么样，要不要买？"我答道："我这次身上没带美元，怕是买不了呀。但是作为以后的参考，我还是希望您能帮我打听一下价钱。"后来对方告诉我第

第一章　买卖不属于"个人"

20号作品售价4000万日元。真是太了不起了。我对这样的高价感到十分惊讶，这完全不是我能够承受的价格。

次日，我又起了兴致，去了趟博物馆。在那里，我参观了一间陈列着满是伦勃朗画作的屋子。我端详了面前的画作，发现画的内容是一场会议。这幅画十分精美，可以算得上是伦勃朗的代表作了。"这幅画多少钱？""这幅画是非卖品，所以没有标注价格。""我知道这幅画作没有标价，但是如果按照正常评判标准大概值多少钱呢？""如果硬要估价的话，大概值8亿日元吧。"以上就是我们的对话。

有些画让你看过觉得非常不可思议。那些画作中，有的画一眼看去令人觉得毛骨悚然。那幅画是一幅尸体解剖图，无可挑剔的画技勾勒出的画作让人一眼看去就汗毛倒竖。伦勃朗是三百多年前的人，也就是说，当时荷兰就已经开始进行人体解剖了。正因如此，伦勃朗才能将当时的场景呈现于画布之上。

同时，荷兰也是奶酪大国。如今，凭借出口乳酪、黄油等制品，荷兰就能赚取不菲的收入。由此可知，无论是在科学、医学还是农业领域，荷兰都处于相当领先的地位。而就是这样一个各方面都处于领先地位的国家，大学数量却少得可怜，这一点令我十分费解。

日本的技术仍有很大的上升空间，且技术人员不足，因此必须增设学校。甚至这一需求已经迫切到允许企业设立自己的大学的程度，这就是日本的现状。我常常将日本现状与荷兰放在一起对比，思考二者之间究竟存在怎样的区别。

对于现在的日本来说，增设大学非常重要，因此我们必须协助创办大学。但是，从荷兰和其他欧洲国家的现状来看，它们的大学数量都很少。因为大学数量少，所以高校毕业生人数也少。尽管如此，它们的科学知识储备却非常完善，而且发展速度也十分惊人。这又该作何解释呢？对此我时常感到困惑。

经营者面临着诸多问题

最近很多人都去上大学,但是大学数量仍然很少。不过现在多数人都读了高中。我曾问一所东京私立中学的学生:"现在你们初中毕业就要升入高中了吧。在你们初中有多少学生升入高中呢?"他们告诉我说:"全部升入高中。"于是我又问道:"你们之中有没有人选择就业?"得到的回答是一个人都没有。

如果全国都像这样,初中毕业后没有人参加工作的话,将会给劳动阵线造成很大影响。或许只是那一所学校如此。如果大部分学校都如此,学生初中毕业之后不选择立即就业,而是升入高中的话,那么日本将会怎样呢?原本有相当一部分人高中毕业后参加工作,但以现在的情形来看所有人都要进入大学学习。那么大学的数量就会不足,必须增设。这样一来,所有人都是大学学历,就连端茶倒水的人也是大学毕业。这种状态符合正常的国民生活环境吗？我对此非常怀疑，也时常思考这个问题。

想来想去，也许是我有些神经质，过于担心了。但是，我的确感觉到日本目前有许多问题留给我们深思。所有这些遗留问题都无一例外地对我们经营方产生着不同程度的影响。考虑到这一点，我认为我们也需要在这些事情的思考方式上多下功夫。我最近深感经营者仅仅作为公司的管理者是不够的。

话虽如此，但具体应该如何做目前我还没有明确的想法。但是毫无疑问的是，目前那些难题缠身的企业，无论是中小企业还是大型企业，经营者似乎都没有发挥其应有的作用。

非常抱歉让诸位在百忙之中抽出宝贵时间听我啰啰唆唆地讲了这么些不着边际的话。我想说的就是这些了。谢谢大家。

日本经营者团体联盟
第二次中小企业社长经营劳务研究会
1960年9月20日
于箱根汤之花酒店（神奈川）

第二章

中小企业与人才保障

必须赢利

・在中小企业中,经营者可以与公司员工充分接触,利于员工充分发挥个人才能。从这一点来看,中小企业更容易做到人尽其才,发展潜力巨大。

・无论是水患还是火灾,那些受灾城市无一例外都在十年时间后发展起来了。正是基于人们坚定的复兴决心,悲惨的境况才更有可能转变为发展的基石。

・小事让课长[①]去操心,大事让部长去操心,特别大的事让社长去操心。社长的高薪其实就是操心费。

---

① "课"为日本企业中的下属部门,课的负责人为课长。课的上一级组织为部,部的负责人为部长。——编辑注

第二章 中小企业与人才保障

我是刚才承蒙介绍的松下。我是从事电器行业的，公司主要生产家用电器。平日里受到各位诸多照拂，借此机会我想向大家致以诚挚的谢意。

作为今天讲座的一个环节，我应邀来到这里简单发表一段演讲。但是我也不是很确定要讲些什么内容才能对大家有所帮助。所以我想不如就将我日常所思所想的三两件小事拿出来与大家稍作分享吧。

日本的经济发展能够取得今日诸位所见到的辉煌成绩，是一件非常值得庆贺的事情。而关于今后该如何进一步推动日本经济向前发展这一问题，有许多地方非常值得我们深思。特别是像我们这样的商业经营者，更肩负着巨大的责任。我相信诸位在平时也就这一点开展了积极的研究。

人手不足

我认为，如今的中小企业正在迎来一个巨大的转折点。之所以这样说，是因为它们普遍遇到了人手不足问题。现如今，各个公司都在以自己的方式进行扩张。面临如此繁忙的业务，人们最先考虑到的就是人手不足问题。

这一问题尽管也是大型企业正在着手解决的问题，但在中小企业中则更为突出。如果能够广纳贤士并做到知人善用的话，公司本身自然也会不断发展。但如果做不到这一点，即使有订单，也难以满足客户需求。

一直以来，中小企业与大型企业之间就存在着许多差异。其中一点就是，中小企业的薪资比大型企业要低。或许有人认为，从这一点上来说，中小企业在经营上更有优势，可以以此与大型企业一较高下。但事实上，到了这个节骨眼上，问题就不在于薪资的高低了，关键要看是否有优秀人才。

在我看来，是否能够妥善解决这一问题关乎中小企业未来能否顺利发展。当然，大型企业也有自身方针和其他问题需要考虑。但我觉得，特别是从中小企业的角度来看，面临这些问题，意味着企业正处在重大的突破期。

"中小企业薪资低"吗?

中小企业的薪资低吗？为什么这么说呢，迄今为止，很多人都认为中小企业的薪资要更低，在与大型企业竞争时人员成本低能够成为一个有利条件，更便于它们与大型企业竞争。此外，中小企业的经营者们本身也由此生出一种逃避感或者说安全感。

然而，今时不同往日。当今社会很难以低廉的薪水招聘到可用的人才。因此，我们的想法和经营理念也必须与时俱进。在以往的观念中，人们往往认为因为是中小企业所以工资低廉。这种观念必须舍弃。按照现如今的想法，正因为是中小企业才应该支付比大型企业更高的薪水。

然而作为中小企业，若是支付比大型企业更高的薪水，就要考虑这一举动是否划算。这就涉及经营方法的问题。我觉得，在这个问题上，既然要支付比大企业更高的薪水，就要努力探索出一条新的可行道路。

中小企业是我们公司的合作伙伴。中小企业的经营发展对于我们来说也是关于自身的重要问题，绝对不容忽视。在我看来，大型企业的发展离不开中小企业的强有力的经营。因此，即使是从大型企业的角度出发，中小型企业的稳定与发展也是一大重要课题。对此我们也一直密切关注，今后也必将在这方面继续付出努力。

从这一点来看，对于中小企业来说，当务之急是解决人手问题。从我们自身经营的立场来看，这一问题也十分重要。与以往不同的是，现如今中小企业的处境十分艰难。但在我看来，这个问题从本质上来说就是该来的总会到来。从前人们总认为，旧式企业薪水和经费都较低，所以中小企业才是宝。但这种想法以后便不再适用了。或者说，今后的中小企业必须拿出经营的真本领了。

中小企业能够充分用人

我认为中小企业能够更充分地用人。为什么这样说呢？现如今，在充分用人这方面，若将大型企业与中小企业两相比较，就会发现大型企业比中小企业要略逊一筹。的确，大型企业在充分用人这方面可以说是非常困难。但相对而言，中小企业在这方面就相对容易。对于大型企业来说，想要百分百发挥出员工潜能是不可能的。且除这一点以外，大型企业也存在着诸多其他问题。

在中小企业里，经营者可以认识每位公司员工并与他们充分接触，进而很容易根据每位员工的特点妥善用人，使每位员工的才能得到充分发挥。大型企业则无法做到这一点。在大型企业，经营者与员工很难近距离交换意见，发挥各自的长处。

在这一点上，正是中小企业才有把人用到百分之百的可能，这也赋予了它们更大的发展空间。

但是迄今为止，虽然有许多人在践行这种经营方式，但总体来说，更多企业还是在延续低薪资、低工作效率的随意做法。一方面，有相当一部分企业虽然本身有能力做到充分用人，却不去这样做。另一方面，一些中小企业的员工认为公司规模小所以工资低也是不可避免的，进而任由这种偏见抹杀掉他们的使命感和事业心。当然，也有一些值得我们学习的优秀榜样存在，但总体来看，当今社会现状大抵如此。

大刀阔斧，敢于变革

目前由于人手不足，逐渐形成了一种卖方市场，人们想去哪里就去哪里，且这种趋势越来越明显。所以现在雇用员工也不像从前那样简单了，需要支付的薪水也在逐渐上涨。在这种情况下，想要经营好中小企业，就需要敢于大刀阔斧地变革。例如设备的现代化、精简化，以及其他很多方面，像产能和效率的提升等，都是亟待解决的重要问题。

然而，我们上面所提到的设备的现代化，也必须以人为本，即人是核心。如果没有人，招揽不到优秀的人才，就无法实现设备的现代化和精简化，生产率也无法得到提升。因此，我们必须直面人手不足的问题，重新思索究竟应该如何解决这一问题。

我曾思考过，如果我站在中小企业的立场上会做些什么。或许员工们都会对自己的未来抱有些许不安吧，但这也是不可避免的。我能够做些什么来消解他们心中的这份不安呢？

我会这样说："咱们都是知根知底的，你知道我眼下资本并不多，买卖也还没做大，但是咱们的未来一片光明。所以，现在要是好好干的话，未来发展潜力无限。我对将来可是信心满满，咱们一起好好干吧。"

我认为这一点无论换谁都会做。但同时你还可以跟对方说："我会付给你比大公司还要高的薪水。我知道你或许想进入一流的公司，但是你要知道，在那样的公司是很难实现晋升的。但是在我们公司的话，我会立刻将重要的工作交给你来完成。"然后你还可以在此之上接着说，"在那样的公司里想要升到课长可能要花上十年，但是在我们这里可以马上提拔你，让你做职员兼任课长。或许你可能会觉得工作内容非常有趣，但是我明白工资少的话你也难免会觉得没有干头。所以我可以给得比大公司还要多。条件就是你要好好干，怎么样？"这样一来，就能得到员工的理解，使之信服，而他们也会带着喜悦感与安心感全力投入工作。

仔细想来，在大型企业里想要升到课长，花费十年的时间也是无可厚非的事情。然而我相信也有许多人会认为在这种小企业里与社长和高管们一起工作更能收获成就感。因为在小企业里，他们可以凭借自身的行动对工厂或是公司产生立竿见影的影响。我认为，如果双方能够在工作中心意相通，那么一定能取得丰硕的成果。

从这个角度来讲，我认为企业付给员工的薪资是非常低的。成千上万的人在相同的流水线上工作，想要提高薪资也不是件容易的事情。但是，对于那些成果取决于个人意志的工作来说，薪资则是次要的。这种情况下，重要的是此人是否全身心投入工作。

这样的话，人手问题就不攻自破了。从前大型企业更加稳定，薪水也高，所以大家都想进入大型企业工作。这种想法是否已然变成了一种共识呢？实际并非如此。如果一家企业的薪水比大型企业高，工作环境也更有利于我们全身心投入，并且自己的想法能够直接反映给老板的话，未来会有越来越多的人认为在这种企业工作更有干劲儿吧。

如果不朝着这个方向努力，中小企业将很难迎来真正的变革。

现在我们面临着这样一个变革期，一个转折点。正是人手不足问题的出现，才促使我们开始思考变革。我深感这一问题的重要性，便开始就这一问题与中小型企业合作商们进行探讨，努力将上述观念传达给他们。

支付高薪也能经营得当

过去我们都贪图安逸,但是安逸的想法不能为我们带来任何东西。如今的时代变得愈发具有挑战性,招揽人才变得难上加难。为了吸引人才必须支付高额薪水,既然支付了高额薪水,就必须让人才充分发挥潜能。不能让员工拿着高额薪水却做着回报低廉的工作。为此,我们必须向员工提出要求。那么应该从哪里做起呢?这是我们目前需要思考的问题。如果解决了这一问题,就能引发中小企业的一场巨大变革,进而使得产能和效率都得到大幅提升。

迄今为止,虽然不能一概而论,但至少在一部分中小企业中,存在着一种观点。那就是因自己是中小企业而感到自卑和无可奈何。由此催生出的经营观都是建立在一种得过且过的态度之上。如果不能打破这一固有观念,中小企业就无法充分利用这个突破期发展自身,也无法产生安全感。

很多人告诉我说,他们在面临人手不足问题时,选择了提高薪资,并在进行了多番思索考量后取得了十分喜人的发展成果。

过去,低廉的薪水能够为我们带来安心感。但如今时代变了,即使支付高额薪水我们也照样能够妥善经营,并且可以做到充分用人。最近我听到许多人都对此颇有感悟,在我看来理应如此。

美国的高额薪水

我认为，在我们的公司里，这个问题也需要认真加以思考。众所周知，美国的薪资非常高。前两天，住友金属的日向（方齐）副社长与我聊了许多。从中我得知，日本钢铁公司的职员薪资与美国相比较，刚好是美国的六分之一，但是效率也是其六分之一。所以，也不能说是低，可以说是保持了一种平衡吧。如果将日本钢铁公司的薪资提升到与美国同等水平的话，那么生产效率也要提升到原来的六倍，否则就无法与美国竞争。

当时我就在想，为什么日本的钢铁公司与美国的相比只能支付其六分之一的薪资呢？是因为日本职工每天的工作量只有美国的六分之一吗？仔细想来，事实未必如此。虽然两国之间肯定多少存在一些差异，但绝不是日本的职工只能完成美国六分之一的工作量。有时日本的员工甚至更加机敏，效率也更高。尽管如此，从公司整体的生产能力来看，每个人却只相当于完成了美国六分之一的工作，这是为什么呢？我想问题大概出在经营者身上。

因为公司在经营方面产生了巨大的损耗。就拿电视机来举个例子。我们每个月能生产6万台电视机，这是目前世界上其他任何一家工厂都无法做到的。能做到一个月生产6万台电视机的工厂也就只有松下电器的茨木电视机厂，这就是目前我们的产量。然而，如果将电视的价格与美国做对比就能发现，我们14英寸的电视卖5万日元，而美国则是21英寸的电视卖5万日元。在日本，生产21英寸电视的成本十分高昂。为何成本如此高昂？事实上21英寸与14英寸的差别很大。但是尽管差别巨大，还是需要以同等的价格以及同样的方式来售卖。

那么是日本的电视机厂员工的工作效率低下吗？曾有来访日本的外国人表示："还是你们的员工工作效率高。他们如此拼命地工作，真的非常令人敬服。"我们的员工勤奋努力，程度甚至令外国人感到吃惊，但是我们生产出的商品还是比国外贵。

这样一想，应该是薪资以外的因素导致成本居高不下。站在经营者的角度来看，必须打破这一僵局，才能有机会在与国外企业的竞争中拔得头筹。要打破这一僵局，关键要看经营者的思想觉悟。这就是我经常在思考的问题。

但是，这种事情并非一朝一夕就能达成，因为松下电器的经营团队有1000余人。当经营团队多达1000余人时，想要做到这一点就不那么容易了。在我看来，这样的经营团队在思考问题时容易造成浪费。

提高待遇，吸引人才

面对人手不足的现状，能否广纳贤士，关键在于待遇。可以提高待遇招揽人才，但同时也要让人才发挥出与优渥待遇相符的能力。如何实现这一点，为此应该培养怎样的思维，是我们当前面临的重要课题。具体来说，作为经营者，即使我们努力减少浪费、提升效率，两国之间仍然存在一点很大的差异，即国民的道德水平不同。

国民道德水平是一个非常棘手的问题。面对这一亟待解决的问题，我们必须发挥个人的力量互相纠正。这就要求我们通过教育和国民整体自觉来提高人们的道德水平，否则成本很难降低。

众所周知，在美国基本不存在催款成本。而在日本，根据工作的不同，催款成本也有所差异。在我们公司，一定数额的催款成本是必要的。与此相对，美国在这一方面花费微乎其微，我认为甚至连我们的三分之一都不到。

为什么美国的催款成本如此之低？这是因为在美国人心中，购买商品就必须付钱这一道德观念十分强烈。在日本的话却需要催款三次，如果三次之后仍不付款就去第四次。这是买卖双方的共识。

但是在美国，如果第一次催款时不予支付的话，就意味着公司已经濒临破产，所以大家都会付清账款。因此，美国的催款成本只有日本的三分之一，也就是说几乎不会花费太多费用。

像这样将催款成本削减至三分之一，想必现在我们还做不到吧。如果与对方进行了明确约定并督促对方执行的话，在某种程度上或许可行，但是如果想推行到全日本范围的话，还是行不通的。虽然有人成功过，但是大部分人依然需要进行三次催款。因此会造成额外的催款成本，进而大幅加重日本企业的整体经费负担。

我们只是公司的经营者，我们能够改善公司运营、精简公司架构，却无法提升全社会的道德水平。

经济性与合理性

除了催款成本，由复杂政体造成的损失方面，日美两国也大有不同。倘若日本和美国都对企业利润征收50%的税款，那么由此所带来的纳税成本又会如何呢？举一个非常浅显易懂的例子。在日本，公司负责驾驶汽车的司机违章会被处以罚款，需要在接到通知后的一定时间内自行前往缴纳罚款。而在缴纳罚款的这段时间内，是不能工作的。这段时间就导致了极大的损失。假设缴纳200日元的罚款需要花费半天时间，而司机的日薪是1000日元，那么公司就会损失500日元，即为了缴纳200日元的罚款而花费500日元。但是在美国，缴纳罚款只需要在合适的时候去最近的邮局办理即可。这种方式连1日元都不会花费，只需缴纳200日元罚款即可。与此相对，日本却要花费500日元，合计就是700日元。这种现象在各行各业都有体现。

因此，从我们经营者的角度来看，在节约经费、简化经营等方面，我们能够做到的只有50%。而剩下的50%只能通过政府机关、政治管理，以及刚才我所提到的国民道德水平的提升来改善。而这些问题眼下堆积如山，想要解决还需要花费数年之久。即使现在我们的工人付出与美国工人同等的劳动，我们也无法支付与美国同等的薪资。

然而无论是现在的十分之一也好，六分之一也罢，我们都不能坐以待毙，要通过努力逐渐拉高自身水平。削减50%的经费这一点我们的公司还是能够做到的。而削减下来的经费将被用于发放员工工资。这是我们无论如何都要做的事情。

这样一来，就势必要求我们缩减人员、提升效率。如果不这样做的话，日本将面临更加严峻的人手不足问题。现在人口过剩，政府和国民都十分关心失业问题。但是以后我们就没有必要大肆议论失业问题了，而是要认真思考如何更好地进行人员配置。

人口过剩就会导致失业。但是这并不是当务之急。在我看来，政府在不久的将来首先要面临的就是如何填补人手不足的问题。这一状态将一直持续下去，至少要持续十年之久。

尽管薪资有所上涨，但是人手不足的问题仍未得到解决，于是企业只得更加大幅地上调薪资，这无疑增加了企业经营的难度。尤其是中小企业，无论薪资高低，都因没有足够的人手而难以维持经营。在这种环境下，中小企业将比大型企业更难经营，并且这种现象在今后将愈演愈烈。

促进中小企业的突破性发展

我第一次预感到,属于中小企业的革新时代到来了。在这种情况下,唯有直面现实,坚定信念,才能实现企业经营的突破性发展。

过去大型企业认为,即使没有设备,也可以凭借人力,即我们所说的人海战术来从事经营活动。然而,这种天真的想法已经不再可行。现如今,我们必须努力实现设备的现代化和经营的精简化,以寻求突破性发展。要实现这一点,必须精简员工人数并充分合理地发挥其自身能力。

与大型企业相比,中小企业往往更容易做到这一点。大型企业通常只能发挥员工70%的潜能,而中小企业却能将员工潜能开发至120%。我认为只要中小企业能够充分利用这一有利条件,就不难实现突破性发展。

我们有许多中小企业转包工厂,我想今后我应该和他们聊一聊，鼓励他们拿出勇气来。也许有人认为，人员削减、工资上调会导致中小企业的处境愈发艰难。但若非如此，我们就无法发觉中小企业中蕴藏着的那些大型企业所不具备的特质。我希望通过我们的交流能让他们认识到这些都是可以实现的。审视事物、审视经营，可以帮助我们思考出无数经营良方。

这种想法不能只停留在空想阶段，而是要落实在行动上，但是想法的可行性也是一个问题。如果我们对中小企业合作伙伴进行了百般劝导，却无法得到对方肯定的答复，那么我们自己的工作也将陷入困境。因此，我们绝对不能只做些表面功夫，而是要考虑到自己所提出的内容是否真正可行。只有这样，才能达到我们的目的。

困境中谋发展

无论是水患还是火灾都是一个道理。比如说当水患发生时，某个村镇被洪水冲毁了，但隔壁村镇却安然无恙，这种情况时有发生。十年之后，被水冲毁的村镇和未受灾的村镇的发展状况各会如何呢？答案是二者的发展状况截然不同。被水冲毁的村镇无一例外都发展得红红火火。火灾也是如此，被大火焚烧殆尽的地方后来都实现了蓬勃发展。这一点上无一例外。

这样看来，有时看似是上天给予我们的恩赐，实则并不是恩赐。为什么遭遇不幸的村镇能够在十年之后取得了数倍的发展成果呢？我认为关键就在于人的心理，与物质因素无关。正是人们这种坚定复兴的决心才推动了村镇的发展，这种事例不胜枚举。

因此，有时我们看似陷入了悲惨的境地，实则这种境地却并不悲惨，而是我们发展的基石。我的身边就有这样的例子。如今，中小企业都面临着各种各样的难题，而其中首要的就是人才问题。但是，正是人才难题促使我们去发掘人的潜能，进而抓住突破发展的机遇。反之，不能掌握这种思维方式才是最令人担忧的。

我们的供应商和分销商都陷入了人手不足的困境，所以不得不四处招人。尽管无人可用还是要继续工作以维持销量。从前，如果销量增长一倍，那么人手也要增加一倍。但是现在因为人手不足，所以即使想让销量翻倍，最终也难以实现。因此，我们就要思考如何在人手不足的情况下将销量翻番。

如果能做到不增加人手而使销量翻倍就意味着公司赢利了，这样一来公司的经营就会顺风顺水。只要形成这种思路，我想就不必逐个展开细说了。相信大家对此也都有深刻的见解和独到做法。

随着人数不断增加，我们逐渐形成了一个中小企业的聚合体。大家分头工作，每个个体都是一家独立的中小企业。所以我们只是将中小企业聚合起来，并不具有大型企业的特点。因此我们最了解中小企业的痛点。我也经常劝告自己，现如今不是告哀乞怜的时候。现在正是发展的大好时期，我们必须将员工们在过去没有发挥出来的潜能充分挖掘出来。如果不能拥有这种思维方式，只是连连叫苦的话，永远也无法从中获益。

根据我的过往经验来看，我们能够在经济衰退中发展，亦能够在突遇事故后发展。在遇到重大灾难的一瞬间，你可能会感到十分痛苦，但第二天情况就会发生变化。遇到这种情况一定要告诫自己"不要慌张，稍作等待。慌张也解决不了问题，现在需要的是重新整理思绪"。

让他们看到你的干劲儿

如今,无论是在银行还是其他地方,救济活动已经变得更为普遍,也比以前更容易了。第二次世界大战前,贷款十分困难。即使是有利可图大家也不愿意借钱,如果再发生了什么事就更不会借钱给你了。但是我记得在我走投无路时,曾向银行借到过钱。

这都得益于我的干劲儿。如果你对银行说:"我的生意遭遇了失败,能不能放一些贷款给我?"那么银行一定会回答你:"我们是不会把钱借给这样失败的公司的。"这是常识。但是在遭遇失败的时候,我抓住了一条真理,说是真理或许有些过了,不如说是一种方法。你可以耐心地带对方一起分析,让他意识到:"眼前这个人已经取得了长足的进步。因为他注意到了迄今为止都没有察觉到的点,所以完全可以放心地把钱借给他。"这样一来,对方就会愿意把钱借给你了。如果没有这种思维方式，而是想着或多或少利用下别人就能够成功的话就太自私自利了。

在公司也会有许多人对我说各种各样的话，但是由于时间原因我很少有机会仔细听。另外，我们都想避免说些惹人生厌的话，但是如果真的什么都不说的话，会导致失败的风险大大增加。

社长的工资是操心费

就像我常说的那样,社长总是最操心的那个。小事让课长去操心,大事让部长去操心,特别大的事让社长去操心。因此,社长的工资是最高的,这份钱应该就是操心费了吧。但是如果什么都不告诉社长,我也什么都不知道的话,那么错误将会越酿越大。

我想诸位应该都经历过这种事情。所以,无论是什么事情,只要你认为这件事情值得操心就要向社长汇报。即使社长因此操劳成疾,那也算得上是一种光荣吧。社长就是为了操心这些事情而存在的。作为社长,每天都是打打高尔夫球,游山玩水悠闲度日的话,放在过去或许还能蒙混过关,但是在当今社会绝对行不通。因为他们肩负着巨大的责任,所有值得操心的事情都需要社长一一过问并妥善处理。如果身为社长却做不到这些就应该引咎辞职。

所以我想说的是:"觉得操心的事情就尽管告诉我,不觉得操心的话不说也无妨。"当然了,知道了这些操心事之后,当天晚饭肯定会吃得不香。但是,即便那一晚你觉得忧心不已,到了第二天也自会想出解决之法,进而生出勇气。这样一来,我们就能够收获昨日不曾拥有的智慧。

遭遇到意想不到的失败时,可能有人会想,自己给社长添了麻烦,一定会遭到狠狠的训斥吧。然而,正是因为遭遇了失败,才有了与社长谈心的机会,可以借此机会将自己心中所想全部告知对方。如果你没有遭遇失败也没有犯下任何事情,那么也就只能与社长进行再普通不过的交谈。只有当你犯下大错,给他招致很大麻烦,甚至激怒他时,才真正可以与他促膝长谈。这又何尝不是一种机缘呢?

将失败化为转机,与对方握手言欢,这也是让对方真正了解你的契机。因此,作为经营者需要在多番考量之后拿出勇气,而敢于拿出勇气也是经营者的责任所在。

经营的好坏，责任全在经营者身上。但是当经营者们惨遭失败时，我们还是不免会表示同情。"是生意失败了吗？真是太可怜了。"这也是如今的常识。我认为说出"可怜可怜我吧"这种话一点也不符合男子气概。如果你的方案落空了，能做的就只有道歉，而非博得他人的同情。或许有人觉得遇到这种事情很可怜，很值得同情。但是这种做法会促使他们利用这份同情不断降低自己身为经营者的自觉性。

长远责任

我常说，如果松下电器经营不善的话都是我一个人的责任。大家都依照我的安排工作。虽然这期间也存在着劳动问题、争议、不服从管理等情况，但是这些都是特殊情况，大部分时间员工还是很听我的话的。"你帮我把这件事办了""好的，我明白了"，基本都是这样的。

我想在这一点上诸位也是一样的。公司的全体员工都会服从诸位的命令。这种情况下一旦出现问题，那么当然是诸位要承担这个责任。也就是说是社长一个人的责任。作为经营者，我们首先要有这种自觉。

我对课长同样也是这么说的。一个课的责任在于课长一人。事实也的确如此。如果某个课出现问题，把课长换掉就可以了。想必大家对此也都有体会吧。

人的能力是非常可怕的。如果某个课出现了问题，别人我谁都不会追究，只会追究课长一个人的责任。课长也必须认识到这一点。

所以我绝对不会责怪这个课的普通员工工作不认真，或者不服从管理。同理，我们也必须认识到，如果公司出现问题，就是社长一个人的责任。

如果能够做到这一点，将公司作为一个经营体来看，即使得不了100分，也至少有50分了。只要具备这种责任意识，勇于承担责任的话，下属基本都会认真为你工作的，公司的业绩应该可以达到70分。

这也是我一直秉持的工作理念。而对于那些与我们有业务往来的大多数转包工厂，我们应该提出怎样的呼吁，应该作何打算，是如今面临的最大问题。这种情况下，要看中小企业的经营者们是否真能拿出自觉，努力攻克这一难题了。如果他们表示自己愿意支付比大型企业更高的薪水，从而广纳人才为他们卖命工作的话，人手不足问题也就迎刃而解了。

此外，想要提高员工工资，原本由两个人干的活儿必须压缩到一个人干，把原本要增加至三个人才能干完的活儿在不增员的情况下干完，这样做就能将节约的成本用于发放员工工资，进而要求员工们更加尽心尽力地为公司工作。如果能够做到这些，中小企业的发展前途将不可限量。

但是，大型企业想要效仿这种做法却很难。因为大型企业很难做到充分用人。我也是从小公司白手起家做到现在的，所以深知公司越大，越难做到人尽其才。当今日本社会效率最为低下的就是政府机关，而大公司随着规模越做越大就会越趋近于政府机关。这样下去，即使是优秀的人也不得不去迎合周遭环境而工作，久而久之便很难发挥出自身特长。

在这一点上，中小企业要比大型企业更加容易，所以中小企业才有可能迎来真正的成功。不知我的这一观点究竟是对是错。

中小企业座谈会
1960 年 11 月 20 日
于大阪商工会议所

第三章

我的经营观、销售观

·公司业务归根结底就是围绕着两大支柱展开：制造和销售。制造和销售好比一辆车的两个轮子，但是有人认为销售环节更为重要，以至于如今的销售变得愈发困难。

·虽说广告是做生意必不可少的商业手段，但在我看来，至少应当把其中的20%从产品宣传中抽离出来，用于宣传企业今后动向，也就是我们所说的企业宣传。

·经商是认真的较量。在较量中，只要铃声一响，必有一方负伤。在较量中败下阵来的一方往往输得体无完肤。经商亦是如此，既然选择经商就要做常胜将军，绝对不能时胜时负毫无定数。

今天到场的诸位来宾都在商业领域颇有造诣。主办方要求我在这样的场合发言，我也只好勉为其难地简单讲讲了。

其实，久保田先生①自己本身就是企业经营大师，也是商业界名人，所以与其说由我来发言，不如让我听取诸位高见更为合适。

---

① 久保田权四郎（1870—1959），株式会社久保田（原久保田铁工株式会社）的创始人。曾在铸铁工厂工作，20岁起独立经营事业。此后，他致力于铸铁管的制造、改良工作，后进军耕耘机等农业机械领域，带领久保田铁工发展壮大。

启蒙恩师久保田先生

我想起一件事,那是我还在大阪电灯株式会社做职员时候的事了。有一次我去船津町的久保田工厂架设电线,被那里工厂的规模深深震撼了。当时新工厂的施工花费了半年时间才最终完成。现在想来已经是四十七八年前的事情了。

当时的久保田先生已经非常成功了,而我还是个小屁孩,连成年都没到。所以当时我打心底认为像久保田先生这样的人真是太了不起了。

后来,我自己也开始经商。在此期间,久保田先生的经营之道或者说他的公司一直在我脑海中挥之不去,而我自己却对此并无察觉。

工作内容不同,公司规模也不同,我也并没有专门研究过久保田先生的经营策略,但是久保田先生的工厂以及久保田先生在大阪商业界取得辉煌成绩的稳重形象都深深烙印在我的脑海之中。因此,我之所以能取得今日的成功，从多个层面来看都得益于久保田先生。久保田先生是企业家中的元老级人物，久保田制铁工厂本身也令我们无比向往。

因此，关于经营这个话题，由我来讲和由久保田先生来讲其实差别并不大。

对我来说，久保田先生是启蒙恩师。虽然他没有手把手教导过我，但是多年来我耳闻目睹了先生的行事作风，自然也多少有所收获。可以说久保田先生的所思所想已经融入了我的筋骨血肉之中。

诸位中有些人年长于我，或许曾与久保田先生有过交谈，或是受过先生的教导。因而我认为在座的诸位应该与久保田先生更为相像。所以现在由我站在这里面对大家发言总觉得有些不妥。但是事实上，师傅培养出的弟子未必都与师傅相同。历史上诸多领域中，以一位师傅为中心分出三支四支的例子也有很多。从这个意义上来看，诸位都是嫡传弟子，而我则是旁门弟子，所以多少可能会有些风格上的不同。

但不管怎样，从这个意义上讲，我也实在没有什么特别的独门诀窍能与大家分享。稍后是座谈会的时间，我想不如利用座谈会的时间听取诸位的见解，以便学习进步。因此，相比于我的个人演讲，我更倾向于将今天的活动看作包括我在内大家共同参与的一场研讨会。

无条件托付一切

既然提到了久保田先生，我还想与大家分享一个我与久保田先生的故事。

这件事距今已经整整十年了。那时久保田先生还健在。有一天他突然到访了我位于门真的工厂。虽然我有机会在各种会议场合见到他，但是我们素日来往并不频繁，也一直没有近距离交流的机会。因此他的突然到访令我备感吃惊。

我先把他引至会客室，问道："久保田先生，您今天怎么亲自到这来了？"对方回答我："其实今天来是有些事想请你帮忙。""是这样啊。是什么样的事情呢？"

当时我身旁是中川电机（当时称"中川机械"）的社长中川（怀春）。

"这是我的外甥中川。其实我今天来就是为了中川的事情。中川在第二次世界大战前一直从事车床（切削机床）制造，干得也很不错。第二次世界大战之后这四五年里又为进驻美军生产冰箱。但是现在进驻美军的订单不多了，所以他想从事普通冰箱的制造销售。就是想就这件事来找你商量商量。

"我说，给进驻美军生产还可以，但是要做普通在市场上销售的冰箱就没那么容易了。但如果是真心想继续从事冰箱制造的话，不如去拜访一下松下先生吧。否则，要想从事普通的市场销售实在是有些困难。我是这样想的，也是这样对中川说的。中川说自己也是这样想的，希望我能从中牵线，所以我就把中川带来了。不知道能不能请松下先生提点他一下？"

于是我答道："原来是这样。其实我本人也对冰箱制造业跃跃欲试。现在也正在积极进行筹备。如您刚才所言，我可以带着他一起干。"

当时我的内心是无比激动的。为什么呢？因为久保田先生说：

"我对中川说，如果你已经下定决心，那么我会去找松下先生谈谈。但是在谈话中可能会涉及你需要完全按照松下君的要求行事,或者由你们共同经营工厂,等等,具体我并不能确定。但是如果一旦出现这些情况,你一定要确定你是否做好了将工厂交出来的决心。另外,如果交出工厂,那么你要是再谈现在的地价是多少,过往的收支又是怎样的话,我是不会去的。只有当你下定决心无条件将一切托付给对方时,我才会去找他谈话。我就是这么跟他说的。

"然而中川告诉我说,他完全理解了,并且已经下定决心,既然决定托付给你,那么就请对方随便处置。我见他这样说了,才来拜托你。松下先生,如果你也有此意的话,就请聘用中川吧。"

整件事情的经过大致如此。

创造性思维

听完后,我深觉久保田先生非常了不起。遇到这种事情,普通人一般都会说:"好啊,既然这样那我就去找松下先生帮你谈谈看。如果松下先生同意的话,我们就要在谈话过程中尽量让自己占据有利地位。"

然而久保田先生并没有这样做。在他看来,我松下幸之助也算是非常成功的人,所以并不会是那种不辨是非的人。既然如此,就可以将一切全权托付给他。这种独到的见解当真与众不同。听罢,我不禁为他周到缜密的思维所动容。于是我当即决定终止目前的计划,帮助中川先生的工厂重焕生机。后来我接手了中川先生的工厂,正式开始了冰箱制造。我甚至都没有去考察过他的工厂就做了这个决定,前前后后只花费了不到一小时。

不论现在工厂多么赚钱,如果经营者的思维一直被利害关系所束缚,就很难做好。

久保田先生运用的是一种创造性思维,而对于久保田先生的想法,中川也只是说了一句话:"我已经下定决心。"久保田先生在确认过他的决心后,才带他来找我商谈。这就是说,即使工作再难也不必担心,只要我答应下来即可。于是我就答应了。

久保田先生的的确确将我想表达的全部说了出来。他将我的想法、我可能说的话,全部都考虑得非常周到,让中川提前做好了心理准备,我确实不需要再多说什么了。所以我只要说"好的,没问题,我们一起干吧",就可以了。

必须赢利

通往成功的道路只有一条

自那之后,中川本人非常努力,如今的中川电机取得了巨大成功①。刚好在前天,他们又在藤泽建了一座新工厂,我也参加了落成仪式。那天我在现场进行了简单致辞。在致辞里我对他们说,中川工厂是在诸位的共同努力下才成就了今日的辉煌。其实这背后还有一段故事。于是我就将久保田先生是如何找到我,我又是如何接手了这家工厂的故事讲给了他们。在今年这第十个年头,我们建成了新的工厂。对此,我想向久保田先生表达由衷的感谢,同时,我也深感我们没有辜负久保田先生的期望。这就是我在致辞中所讲的内容。这些事情都是真实

---

① 中川机械于1952年1月正式与松下电器合作。1953年8月,更名为中川电机株式会社,1972年11月再次更名为松下冷机株式会社。

存在的，我发自内心地认为久保田先生是一位十分杰出的人物。

他是我们的老前辈，又正好与我有着类似的经历，我们两人的行事作风也相差无几。他也是年轻时从创办极小规模的公司起家，后来企业逐步发展成了如今的大久保田集团。

在我看来，成功之路固然有许多种走法，但即使是一百个人的成功之路，从大体上来看也几乎是相同的。人们的性格特点各不相同，所以自然会产生一些差异，但是成功之路的轨迹大体上是固定的。一旦偏离了这个轨迹，就会走向失败。所以在我看来，甲的成功和乙的成功可能会因为二人个性不同而或多或少产生一些差异，但是毫无疑问的是两人都走上了成功的轨道，并且这个轨道有且只有一条。

因此，久保田先生今日的成功以及我们迄今为止所走过的路，也几乎在同一条轨道上，只是涉及的领域不同、制造的产品不同而已，在大体上还是一致的。

制造与销售两大支柱

今天主要是以销售为主题的研讨会，而公司的经营不外乎就是制造和销售两个板块，这两个板块构成了两大支柱。首先必须考虑的是，为了更好地制造我们需要做些什么，由此衍生出一系列相关工作。此外，还需要考虑为了更好地销售我们需要采取怎样的方法。所以，尽管公司的业务分类五花八门，最终还是离不开制造与销售这两大支柱。不管你制造的产品多么优质，如果销售方法不得当，不能抓住市场，就很难实现畅销。

不必我说大家也都知道，制造与销售就好比车的两个轮子，我认为单把销售拎出来讲是非常困难的一件事。如果制造不出优质的产品，那就自然不用说销售了。虽说在大家的普遍认知里，优质的产品一定会畅销，但事实却不尽然。有许多公司虽然手握优质产品却因不擅长销售而陷入困境。此外，因为没有搭建起销售网，好不容易制造的产品却销路不畅。很难说这二者究竟孰先孰后，但是如今销售越来越难，以至于似乎大家都把重点放在销售上面。如果建立了可靠的销售网，那么即便自己不生产，也可以从他处获取商品。但是销售却不是这么简单的事情。在我看来，如果公司拥有牢固可靠的销售网，就会在竞争中更具优势。

虽然我并不十分了解贵公司的销售情况，但是我认为，久保田公司之所以能够成就如今的辉煌，终究离不开稳定的销售网。逐步建设、扩张和完善自己的销售网，才开辟了极为稳定的获利渠道。当然，你们的产品自然也是最优质的。事实上，正是因为你们生产出如此优质的产品，才能逐渐形成这样的销售网。

但不管怎么说，随着竞争日趋激烈，当进入一定的阶段时，一流公司生产的产品大致相差无几。虽然也会出现个别极为优秀的发明，或者能制造出别人生产不出来的产品，但是我认为，如果是一流公司的话，无论是谁都大体可以生产出同样的产品。然而销售却不同。即使是销售相同的商品，销售能力强的营业部门和能力一般的部门之间还是存在着很大差距的。

我们应当更加重视销售。最近我也强调技术需要被高度重视，因为无论从何种层面来看，技术都非常重要。虽说二者都很重要，但是在我看来，从事销售的人必须拥有销售至上主义的信念。如此，工厂就会以销售为中心开展业务。还有一种情况则是工厂方面人才辈出，能够制造出优质产品并将其推向市场。这样一来，就是由工厂带动公司销售业务不断发展的。无论哪种情况，都需要有出色的领导者和管理层。

然而，如果销售部门有这样出色的管理者，不仅可以主动搭建销售网，还可以适时地向工厂提出生产要求，并且工厂也有足够优秀的技术能够积极满足这些要求的话，可就是如虎添翼了。

销售部门需要优秀的负责人

在我所了解的两三家公司里,销售部门都有非常杰出的负责人,他们非常有能力而且积极上进。在他们的带领下,销售部门气象一新。同时这些人也了解财务管理,也就是说,他们不仅精通销售,还了解财务。我认为这样的人足以担任公司的经营者。自从他们负责销售以来,公司的产品质量迅速得到改善,利润也得到了有效保障。就我所知,这样的例子在现实中的确存在。

有家公司过去一直业绩欠佳,明明能生产出优质的产品但却赚不到钱,而现在生意却大有起色。原因在哪里呢?因为现在销售部门的最高负责人是非常优秀的人才,并且掌握财务管理方面的知识。因此尽管他负责的是销售,却不仅仅是关注销量的提升,而是会综合考虑销量和收益。这样一来,公司的利润就得到了有效保障。

只提升销量是不够的，还要确保利润。虽然在一定程度上保证销量是件好事，但也要避免出现资金不足的问题，为此必须确保利润。而且，如果无法有效地回笼资金，就无法提高真正意义上的利润，也就不能算是真正的销售。销量、利润、回笼资金这三个要点都非常重要。

想要实现上述内容，必须有产品做支撑。只有有了产品，才能顺利打开销路，及时回笼资金，确保公司利润。因此，我们需要优质的产品做支撑。

我们要督促工厂将产品做得更好，要让工厂明白，如果产品质量不过关我们就会输给竞争对手，如果产品没有任何特色就卖不出去。如此一来，大家都会朝着好的方向不断发展。

经营者的责任

这件事让我深切地体会到，那些具有真知灼见的人往往可以凭借一己之力让整个公司的经营气象焕然一新。从这个意义上来看，也可以说公司的经营情况取决于社长的个人能力。最高领导者肩负的责任是如此巨大。

在人们的普遍认知里，如果一家公司会集了许多优秀员工，那么这家公司的业绩一定会蒸蒸日上。但在我看来，仅凭这样还不够。优秀员工越多，领导者就越需要具备与之相称的良好素质，这样才是如虎添翼。如果领导者能力不足，员工们也会灰心丧气。即便有再出色的才能，没有干劲儿也只是空有一身本领。因此我不断告诫自己，公司的责任就是社长一人的责任。

同时，一个部的责任也是部长一个人的责任。如果部长颇具能力，这个部也必然会充满活力。这个道理同样适用于课长，一个课的成败完全取决于课长。我绝对无法容忍别人对我说"我的下属里没有可用的人，我一个人做得很辛苦"。我也不希望听到社长抱怨说"都怪我们公司的员工们干得不够好"。这是绝对不可接受的。

有时某个课工作做得不够好，课长在分析原因时认为自己做得还不错，只是下属表现不佳，这才导致业绩不理想。这或许是一种理由，但在我看来，这种理由根本不成立。因为这个课有着这个课自己的使命，而课长就是这一使命的执行者。如果下属表现不佳，那为什么不考虑换人呢？有的人不适合这个课但或许适合其他课。课长要做的就是积极地进行岗位调整，这是课长的职责所在。如果做不到这一点，而是一味抱怨下属不行，那就是故意找借口。这种情况理应受到批评。

如果课长对此能够做到清楚认识并虚心接受，那么这个课一定会发展得越来越好。不适合这个课的人虽然会被调离所在岗位，但是调整之后可能更加适应新的岗位。如果课长认为下属的能力与岗位

第三章 我的经营观、销售观

并不匹配，就要敢于指出，及时调整。这就是所谓的适才适用。部长也应如此，这样一来，课和部都会向好发展。如果社长也能这样做，那么公司就会不断壮大。我认为部长和课长的责任就在于此。

销售部门和生产部门都是这样。如果你是销售部门负责人，那么部门出现问题，可能问题出在自己身上，也可能是部门缺乏合适的人才，或者是客户的原因，等等。但首先应该审视自身能力是否足够。如果从各个角度看自己都已经尽到最大努力，但还是不见起色，那么问题就可能出在下属身上。如果下属存在问题，就要及时与其沟通。如果沟通无效，就要向公司提出将其调离。

如果自己已经尽到最大努力，下属也不存在问题，但部门经营仍然不尽如人意的话，就要考虑是不是客户的问题了。这时必须对客户进行深入剖析，例如甲主要面向怎样的群体，乙的主要客户画像如何，等等。我想这些诸位也都做到了，接下来就可以去拜访客户，看看问题是出在客户方的老板身上还是店员身上。

及时指出合作伙伴问题

在公司内部，可以把不合适的员工调到别处，但是我们不能轻易更换外部的合作伙伴，不能对合作伙伴说"你走吧"，然后找来别人代替他，所以合作伙伴问题是最为棘手的。尽管如此，我们还是要向合作伙伴指明问题："非常抱歉，您目前的经营方式恐怕不行。我认为问题具体出在这些地方。我的建议是可以参考一下其他店铺的经营方式，从其他人那里了解情况。"通过这种方式，让对方认识到自己的问题所在。

但是，如果对方无论如何都无法认识到自身问题的话，就只能考虑不再与其进行合作。是继续合作还是中止合作，需要诸位自行决断。但即使不至于完全终止合作，也不能过度依赖对方，否则会使对方痛苦，甚至蒙受损失。这时，我们可以考虑让其承担与其相符合的工作。如果合作伙伴无法及时调整自己，相应的市场就会受其阻碍。一旦形成阻碍，竞争对手可能就会趁虚而入。这时，我们就需要考虑设立其他适合的营业部或销售门店，以应对这一问题。

如果能够一直这样经营下去，就可以在一定程度上保证利润，避免重大失败。但是如果不能从根源上解决问题，还是可能会导致各种各样的失败。

因此，如果公司发展经营不善，社长要负首要责任；如果部出现问题，部长要承担责任。同理，课长也是如此。只要人人都能认清责任归属，那么任何公司都能够稳定经营。虽然不同公司之间发展速度会有所差异，但向前发展是肯定的。无论是销售还是制造，都需要具备这种意识，尤其是销售。

正因如此，诸位也一直在开展销售培训会之类的活动，坚持对员工进行教育，对此我也有所耳闻。其实我们也一直在做这样的工作，也在进行店员培训，希望通过这些活动逐渐培养公司与合作伙伴之间的一体感。

创业之初，我们公司的规模很小。当时批发商会把我们生产的产品拿去进行代理销售,同时我们还从批发商那里获取一些资金支持。过去的批发商还兼营银行业务,既代办金融也代理销售,所以我们只要专注于制造就可以了。然而,随着公司生产规模逐步扩大,只靠批发商代办金融和销售业务就有些勉强了。因此,如今的大企业会主动向批发商提出明确要求,例如"我们希望你这样做""我们希望你那样做",等等。

就这样,我们不断变化发展直至今天。最初是将销售和金融业务都交给批发商代办,而现在金融方面由银行和股东负责,销售则由我们自己制订计划,再充分利用好各个区域的批发商进行销售。从最初的经营状况逐步发展到今天,整个过程都是我的亲身经历。我想久保田先生也是如此。先生也深切体会了这种变迁。我正是从这种亲身经历中总结出方才所讲内容的。

令人叹服的美国企业宣传片

近年来，宣传工作变得愈发重要。大家的宣传工作做得都十分出色，令我非常佩服。最近，大阪市的左藤（义诠）知事每周日会进行十分钟左右的广播讲话，目前好像只有大阪这样做，这种做法非常值得提倡。我认为这种广播是多多益善的，这不仅能够起到宣传效果，还兼具社会教育的功能。虽然我不知道这项广播节目的策划者是谁，但这是一个非常出色的企划。现在我一直在收听那个节目。

说到宣传，我记得前年年底的时候，出版《时代》周刊的世界著名杂志社找到我，说希望能对我进行一期采访。我听说对方是世界首屈一指的杂志社，于是就同意了。他们当时说有件东西想要让我看一下。是什么东西呢？原来是美国国家城市银行的宣传片。他们说，这部片子有利于了解目前美国一流企业是如何做宣传的，或许会对我有所帮助。

于是我表示，希望看一下他们的宣传是怎么做的，以作参考。就这样，我观看了那部宣传片。

宣传片展现了当今世界的发展趋势。片中，美国正在某地进行施工建设，法国正在建造地铁，非洲某国正在进行城市规划。画面上出现了各种不同的建设场景，大约持续了25分钟。通过影片内容，我清晰地感受到世界正在一刻不停地发生变化，与此同时，世界各地都在不断开展经济活动和建设项目，人们的文化水平日益提升，未来的工作机会是无限的。看过之后，我对这部宣传片的精妙制作深感佩服。

到这里，第一步就结束了。这时对方又对我说："还有一样东西想请您过目。"于是我问道："还有第二部吗？"但此时，屏幕上出现了我的照片，这是我未曾预料到的。突如其来的震惊令我"啊"了一下。紧接着屏幕上又出现了松下电器公司，列举出了松下电器的业务内容。简直就是刚才宣传片的日语版。宣传片是什么时候拍摄的，我竟然毫不知情，居然真的有公司行事如此彻底。看到最后我才发现，原来是那家杂志社在宣传自己，真是令人哭笑不得。但是说实话，那部宣传片的确吸引了我。

那件事之后我也曾思考，日本的报社和杂志社是否具有这样的学习精神呢？我们自己的国家是否在这方面也做出了相应的努力呢？事实上，在过去的 43 年里，我从未有过如此强烈的紧迫感。国内现状尚且如此，对于海外市场只怕更是低调了。

现在，日本的杂志在海外并不算畅销。我认为即使某天日本的杂志社打算进军海外市场，可能也不会像《时代》周刊这样做得如此出色。正是这种思维方式和满腔热情，造就了世界首屈一指的杂志社。我觉得我们的干部也应该看一看这些，当时只有宣传部门的员工们看了。所以我又对他们说："你们的宣传片让我深受启发，改日能否让我们的干部也看看？"对方表示随时可以，然后又约定了一个新时间。大约一周后，我们公司的干部们从东京赶来，一起观看了这部宣传片。

对方表示，我们这种热情的态度非常宝贵。他高兴地告诉我："我们原本打算让大家看完这部片子之后，多在各家公司之间传播一下。但是一般人也只是在看完后称赞两句，之后就再没有后续了。像您这样看过之后这么有感触并且愿意在百忙之中召集干部们一同观看的人，我来到日本之后还是第一次遇到。实在是太让人感动了。"

明明是我觉得他们做得出色，所以想让大家都看看，然而对方却有自己的理解。在他们看来，我是一个充满热情的经营者。于是，在这种机缘巧合之下，我决定向海外进军。为此，我决定请这家杂志社在他们的杂志《生活》上帮公司做宣传。最近，《生活》杂志上就刊登着我们公司的广告。那则广告做得非常出色，这也使得松下电器的品牌得以在短时间内闻名世界。

第三章　我的经营观、销售观

价值百万美元的《时代》周刊封面

意大利有一家名为马丁尼的酿酒厂。这家酒厂规模非常大，在欧洲十六个国家拥有酿酒工厂。最近，酒厂的社长来了日本，特意要求见我一面。这位社长拥有伯爵头衔，非常了不起。他告诉我，他曾是《生活》杂志的第二大广告主，但是却败给了我。如今，我们成了第二大广告主，而他则降到了第三。

目前我们公司还处于起步阶段，所以广告投放还不算多。虽然数量不多，但是广告的制作相当精美，令人印象深刻。大概对方是看过我们的广告之后也这样觉得，所以才会对我说这番话吧。由此，我发现外国人非常关注广告。同时我还注意到，国外的经营者们也会高度关注其他公司的广告。

相信大家都知道，我的照片登上了最近一期

《时代》周刊的封面。[①] 不过那并不是广告，只是因为他们想介绍日本，所以需要一个人的照片来刊登在封面上。一番讨论过后他们最终决定刊登我的照片，就是这么回事儿。《时代》周刊在全球范围内发行，这种宣传可以说价值百万美元，所以我是赚到了。

思考上述内容可以发现，经营活动中的一个想法、一种做法，有时会产生意想不到的效果。

我被他们的热情感染，于是让我的干部们又将宣传片看了一遍。而在对方眼中，或许我也是一个充满热情的人。这一切又可以以广告的形式呈现出来。正因为这些，当他们偶然需要撰写一篇介绍日本的文章时，才选择了我。这才诞生了我刚才所提到的，一张价值百万美元的封面。万事万物有时就是这样一步一步走向成功的。

[①] 1962年2月23日的《时代》周刊将著名画家坚山南风绘制的松下幸之助肖像画刊登在杂志封面上，向全世界介绍了松下幸之助的经历和经营理念。

公司广告的惊人效果

别的先不论,在看到美国国家城市银行的那部宣传片时,我深切感受到世界确实在一刻不停地变化着。世界各地都在进行国家建设。

所谓国家建设,归根结底就是物资的消费。由于有物资的消费,所以必须保证物资的供应,同时也必须进行生产制造。生产制造这项工作是无穷无尽的,此刻世界各地都在不断进行生产制造,这让我有了一种轻松的感觉。我从美国国家城市银行的宣传片中获得了很大的启发。我们在进行宣传的时候,也应该将一半的焦点放在产品的必要性、世界的发展动向、自我责任等方面。尽管这些会因商业形式和职业类型的不同而有所差异,但都是非常重要的。

从这个意义上讲,宣传尤为重要。比起单纯的商品宣传,企业宣传更为重要。例如久保田现在在做什么，松下计划下一步做什么，等等，这就是企业宣传。这些东西现在变得非常必要。推销引擎时，需要告诉人们为什么要购买这个产品。这种宣传对于经商来说固然必不可少，但我认为，除宣传商品外，其他内容至少要达到20%。

美国国家城市银行的宣传片中，没有出现任何银行的广告。直到整部宣传片的末尾才告知观众本片是由银行提供的。但是，由于画面非常精美，给人印象极深，所以观看者也自然而然会记住这部片子是由美国国家城市银行制作的。我想如果美国国家城市银行也经营我们公司需要的机械、材料等业务的话，我肯定会想办法与他们进行洽谈。如果他们需要贷款，我也会满足他们。只是由于目前没有合适的渠道，所以暂时还没有进行接洽。但由此我也深切感受到，我们需要在新的意义层面上开展宣传方式的研究，这种感触今后将持续派生出许多新的东西。

所以，如果一家企业的销售方法具有时代性和推动力，那么该公司就不仅是在销售自己制造的产品，也会对相关人员产生巨大影响。这个影响会逐渐扩散到整个公司，从而形成更为强大的影响力，并逐步构成一种良性循环。

我一直认为公关宣传与其他业务不同，因为它更具有机械性，所以不适合动用大量资金。那么应该动用多少资金呢？这是一个非常关键的问题。用得太多可能适得其反，高效使用资金也是一件非常困难的事情。如果预算过多，人们就可能为了将预算用完而制作一些低质广告，这是绝不可取的。总之，应该综合考虑宣传部门的能力或者公司整体情况后再做出相应决定。

但是在我看来，如果能够实现非常有效的宣传，或者能制作出像我刚才提到的美国城市银行那样出色的宣传片的话，即使再增加1%的预算也是值得的。然而如果只是随意增加1%的预算的话，广告公司在制作广告时就会认为，反正预算充足，不用白不用，就按要求的做好了。这对于公司来说就是一种浪费，是绝对不能容忍的。然而，随着宣传知识的提高和技术水平的提升，即使只增加

1%的预算,也可能带来极为显著的效果。由此我认为,公关宣传也是销售和公司运营中的一个重要环节。

第三章　我的经营观、销售观

信念造就可能

　　回顾第二次世界大战前的经营活动，我们会发现战前与现在有很大不同。在销售方面，过去通常是月底收取现金，也存在月底收不到现金只拿到支票的情况，但这种情况只发生在一部分批发商身上。尽管他们怀着满腔热情拼命经营，但总有资金不足的时候，所以选择用支票支付一次也是迫不得已的事。那就暂且同意这个月以支票形式支付，但是一定要收取适当的利息。这是我们过去的做法。但是，如果连续两个月都以支票形式支付，那么买卖就难以为继了。如果去跟人说："我得开两个月的支票"，那就没人愿意和你做买卖了。我们的采购如此，销售也是如此。因此，我们在资金回笼上并没有费太大力气。

　　然而，战后情况发生了翻天覆地的变化。第二次世界大战刚结束的时候，主要采用的是现金交易。但之后不久，由于彼此都缺乏足够的资本，信用膨胀，支票形式的交易显著增加。我不太了解诸位所在行业的情况，但在我们的行业中，支票兑现期限相对较长。因此，这种交易形式存在很大风险。随着销售力的提升，支票的金额也水涨船高。即使对方一个月采购1000万日元的商品，如果支票期限为90天的话，也需要三个月才能收回这笔款项，并且这之间还存在一个月的赊购期，这样整体时间就要延长到四个月甚至五个月。这是非常危险的，在我看来，现在的销售工作非常难做。

但是，如果硬是把周期缩短的话，销售活动将受到影响。因为存在竞争对手，他们可能会说"松下那边不行的话，我这边可以考虑接受你的支票。我这边可以延长到三个月甚至四个月"。在这种情况下，即使是合作多年的伙伴也可能产生些许动摇，这样一来就麻烦了。因此目前我们的处境十分艰难，特别是最近银行政策趋于紧缩，可用资金越来越少。因此，支票的兑现期限也变得越来越长。

农村地区或许不会有这种担忧，但在普通城

市，这种倾向越来越明显。这种情况会使销售部门的工作变得愈发困难，要克服这一难题有很多方法，但在我看来，唯一真正有效的方法就是敢于督促客户。如果你认为这种事情对方也是迫不得已，实在无计可施，那么兑现期限只会越来越长。因此，我主张虽然我们对此表示理解，但是对方该付的款项必须结清。同理，如果客户也这么做的话，那他的资金回笼也就不成问题了。

我们的生意伙伴中，也有一些店在资金回笼方面做得非常好。虽然卖的是同样的产品，但有些店付款总是一拖再拖。大家卖的都是松下的产品，区别究竟在哪里呢？我认为是店主的信念，店主们的信念存在差异。所以，那些将事情搞砸的人主要是缺乏强大的信念。

某位零售商对批发商说："钱现在还没到我手里，所以老板您再宽限几天吧。"于是对方答道："啊，那确实没什么办法。"但是有的人在这种情况下则会说："这可不太好办啊。但是这次我们就暂且等等吧。虽然对我来说没有关系，但是难办的可是您自己呀。所以您不如自己亲自去把钱取到手呢？您应该向对方提出要求。您要求了，对方可能就把钱给您了。"这样一来，这位零售商就会觉得批发商说得很有道理并记住他的话，记住了这些会让他有所进步。

有些人很轻易地就同意了等待，他们总是认为对方没钱就先等等吧，于是借出去的钱越积越多。最终，自己手头资金不足，只得跑去借高利贷。这样下去，最后即使不破产，也需要停业整顿了。所以这一切在很大程度上都取决于经营者的信念，信念之差会导致不同的结果。

萧条时期稍作休息

在如今的经济界，资金回笼是一个大问题。这一点不用我说，相信诸位也深有体会。在我看来，现在这个问题已经成为第一要紧的大事了。

在如此关键的时期，经商者应当何去何从呢？关于这一问题，虽然也有例外情况，但总体来看，在最为艰难的时期，我认为最好的做法是暂停营业。虽然这听起来有些奇怪，但是暂停营业带来的损失却是可以预测的。如果暂停营业，工厂停工，损失的基本只是一些工资和日常开支。但是如果强行生产销售并亏损的话，损失将不可估量。因此，常听老一辈人说，经济不景气的时候，强行销售造成的亏损基本是无可挽回的。所以极端一点说就是，当生意不好做的时候，可以去泡泡温泉休息休息，等到经济状况好起来再进行销售，这样做损失会比较小。

因此，经营的基本原则就是，该努力的时候要勤奋努力，遇到经济萧条时期，也要学会适当地让自己喘口气，不要被销售的牢笼所束缚，从而感悟到另一番天地。但是，如果不经意间向员工们透露说卖不出去也没关系的话，他们可能会松懈，这样就真的卖不出去了。所以这种时候，我一定会告诉员工，要努力做好销售工作。身为领导者必须具备这种观念，否则将会招致重大失败。

有人在不必强行销售的时候硬是要卖，结果导致了500万日元的巨额亏损。所以，尽管有时候想着即使一个都卖不出去也没关系，但事实上并不会完全卖不出去。顶多是销售额下降一些，例如10%，损失几乎是可以忽略的。但如果你认为即使减少10%也不行，然后强行销售，就可能会导致500万日元的巨额亏损。这一点是非常有趣的。不同公司在经营方式上各不相同，所以无法一概而论。但是如果能够以这种思维方式开展经营的话，那么做买卖其实也不是一件很难的事情。在我看来，失败这种事实际上完全是可以避免的。

胜败关乎生死

我一直对零售商和批发商们强调,经商是认真的生死较量,这绝对不是玩笑话。如果想娱乐,尽管去娱乐好了,但是经商需要认真对待。为了自己,也为了他人,我们必须严肃对待这种较量,保证自己常胜不败。在生死较量中,只要铃声一响,必有一方负伤。经商也是同样的道理,绝对不能时而赢利时而亏损。因为在认真的较量中败下阵来就会丢掉性命,经商亦是如此。

当然了,做生意有好的时候也有坏的时候,确实是这么回事儿。但是我始终认为,经营顺利是理所当然的,不应该出现经营不顺的情况。赚或亏都取决于我们的认真程度。同时我也告诫自己:"失败是因为你不够认真。如果你在较量中足够努力,一年下来肯定会有所收获,而明年你收获的成果将更为显著。这就是经商之道。"

今年赚钱明年赔钱，就好比我们在较量中时而获胜时而失败，根本算不上真正的生死较量。在真正的生死较量中，一旦铃响，败者满盘皆输。有人认为，这毕竟是经商，钱还能再赚回来，但我并不赞同这一观点。我认为做生意一定要确保收益，这才是认真经商。

没有人会把用 1 日元买入的商品以 90 分的价格卖出去。客户们都理解，以 1 日元买入的商品应当以 1 日元 20 分的价格出售，虽然有时他们可能会要求你进行一些让利。如果面对他们的要求，你迫于无奈将价格降至 90 分，以 90 分的价格出售 1 日元买入的商品，买家也会认定你必然能够从中获利。他们可能会觉得这个价格稍微便宜了一些，但卖方依然能够从中赚取利润，而非亏本销售。他们并不认为我们在亏损。大家都明白，无论怎样讨价还价，商家多少都会从中获利。没有人会做亏本买卖。然而在某些情况下，亏本销售是一种常见的做法，说来说去还是为了所谓的亏本赚吆喝。实际上，这是一种对客户不负责任的行为，因为说到底，客户在购买商品时是想让我们赚钱的。

经商原则经久不变

绝对不能做赔本买卖。我曾经说过，如果卖不出去，暂时不卖也没有关系，因为这并不会带来任何损失，从结果来看反而意味着赚钱。将可能造成的巨大损失最小化，就是变相赚钱。总之，做生意应该越做越赚钱，绝对不能亏损，这正是经商之道。

如果事情走向并非如此，那么交易双方都必须明白，应该是某个人的经商理念存在问题。这种时候，我们必须及时交流，劝导对方。通过这种交流，那位批发商才能认识到你说得很有道理。然后随着时间推移，他会在不知不觉中渐渐发觉"原来确实如此"，并逐步坚定信念。批发商的这种转变也会对零售商产生影响。随后，零售商可能也会在不知不觉中逐渐坚定这种信念。

做生意不需要畏畏缩缩的，因为经商本身是正当的，从中获取一定手续费是理所当然的，反而不这样做的人才是错误的。如果具备了这一观点，我相信以这家批发商为中心的零售商群体都会发展繁荣。这也是我的亲身体验。

最近出现了许多关于经商的新主张，其中不乏现代的思维方式。但究其根本，我认为无论是以前还是现在，经商的基本原则没有丝毫变化。我认为商业的诀窍，或者说商业的原则是经久不变的。

现如今，销售尤为重要。销售工作也不是很难，所谓的困难都是自己制造出来的。换言之，如果社长没有身为社长的自觉，部长没有身为部长的自觉，课长也没有身为课长的自觉的话，工作自然无法顺利开展。对此，我们必须进行自我反省。如果自省之后发现错不在己，那么问题就有可能出在下属身上，这时需要考虑是否能够将下属调换至其适合的岗位。如果你对此怀有满腔热情，那么这就是可能的。如此一来，部门会向好发展。如果从上述地方都找不出问题，就要考虑客户方面是否存在问题了。如果客户身上的确存在一些问题，有时候如果你的表达方式得当，客户也会按照你的要求进行改善。对于客户方面的店员，同样可以采取这种方法。虽然我们必须遵守对待客户的礼仪规范，但是道理是一样的。如果能做到这些，我想即使是非常难的销售任务，在一定程度上也是可能完成的。我是这样认为的，同时也是这样践行的。

今天与大家聊了很久，我讲的内容并不全面，但是今天就先讲到这里吧。如果诸位有任何问题，欢迎在接下来的时间里与我交流探讨。

问答环节

1. 与《时代》周刊结缘

提问者：您之所以会成为《时代》周刊杂志的封面人物，起因是之前您所提到的他们为松下电器制作广告这件事吗？

松下：《时代》周刊的编辑部和广告部是完全独立的，因此即使是与广告部关系很好的客户，也不会因此被编辑部选中刊登相关文章。在这一点上他们比日本的报社和杂志社严谨许多。不过，无论多么严谨，人还是难免会被周遭事物打动，而这种影响会在公司内部传播开来。所以我认为，这也是我登上杂志封面的原因之一。

2. 关于连锁销售

提问者：我对松下电器的连锁销售模式非常感兴趣，您认为这种模式的优势是什么？

松下：目前松下电器这种连锁销售的模式已经趋于健全。我暂时还没有考虑过究竟是连锁销售好，还是不开展连锁销售更好。我认为在判断是采用连锁销售更合适，还是其他方式更合适时，应该从本质上进行考量。也就是说，需要将当时的形式、产品特性以及其他各种因素都纳入考量范围。从这些因素出发，我们在一些地区采用了连锁销售模式，同时在另外一些地方没有采用这一模式。目前我正在对比观察二者究竟哪种更优，其实二者是各有利弊的。有些地方通过连锁销售业绩得到了提升，但在其他没有实行连锁销售的地区业绩同样实现了提升。所以我认为连锁销售模式并不一定就好。

归根结底其实还是取决于人。如果对方店主与公司之间能够产生精神共鸣和事业共鸣，并且可以在不受连锁销售约束的情况下进行自由经营是最好的。虽然没有采用连锁销售的形式，但是存在比形式更加强有力的东西将二者连接起来了，并且不影响其自由。所以这种形式才是最佳的，只是很难实现。

提问者：在非连锁电器销售店里，有什么特别的方法能让他们卖出更多松下的产品吗？

松下：这种情况下，我们可以考虑采取一些奖励机制。比如说，如果卖得多就给他们提供更多的折扣，等等。

还有另一种情况。假设在一家销售店里，我们公司的商品占三成，其他公司的商品占七成。那么我们可以通过一些方法将我们公司的商品占比提高到五成。如果一家销售店中有七成都是我们的商品，这是最理想的情况。毫无疑问，在售商品中七成都是我们公司的这种情况自然很好，然而也要因人而异。我们也可以通过培养店长来达到目的。也就是说，即使我们公司的商品占比降至六成，如果能够通过一位优秀的店长让他们的业务翻倍，那么这种方法也是可行的。虽然我们公司的产品占比下降了，但如果销售店的业务量翻倍，我们的商品销售量实际也是在增加的。这种方式也应该被纳入考虑范畴。

如果不考虑这些可能性，只是一心想着多卖我们的产品，有时可能会失败。即使形成了连锁销售，也不一定全部都要销售你的商品。不能说只要是松下的牌子，那我就全权承包了，这样不利于培养认真严谨的态度。因此，最好的方法还是在风雨中历练成长。在困境中逆风成长，才能成为值得浇灌的可用之才。

正所谓千人千面，百人百性。每个人的想法、意见都不相同。如果我们的产品足够出色，采取统一的方法进行销售也无妨。但是如果产品没那么出色，我们就必须根据具体情况来调整销售策略。其实，要做到这一点并不容易，只有在这个领域里摸爬滚打过的行家里手才能实现恰到好处的调整。从学校毕业三年的人可以提拔为推销员或者销售主管。但这实际上也是在遵循某种规则，进而逐渐形成官僚主义的思维方式。这样做会导致整体比例下滑。即使比例不下降，也不会有太大的增长。而如果在这种情况下进行资源分配的话，最终还是会导致实力削弱。

所以在我看来，销售一点儿不简单。从某种程度上说，我们需要逐个分析，针对每个人采取适合的销售策略。然而，随着公司规模的扩大，这种做法会变得越来越难以实现。这也是情有可原的。所以在某些情况下，大公司可能会输给小公司。

我之前去美国的时候，参观了美国最大的电器公司通用电气。他们的业务涉及熨斗等各种产品。我认为像通用电气这样极负盛名的大公司如果开设在日本的话，他们的产品一定会大卖。所以我曾一度认为，如果通用电气生产熨斗的话，那么其他的熨斗厂家就几乎没有存在的必要了，即使有也只会是一些小型厂商罢了。

然而事实上，与通用电气相比，专业的制造厂商的生意却更好。这是因为，通用电气无法像我刚才所说的那样，为每位店长提供个性化的销售策略，因此只能采取连锁销售这种规范化的经营方式。而专业制造厂商则会根据每个人的销售特性制订销售策略，他们的产品也各有特色，这些让专业制造厂商在某些商品上甚至胜过了通用电气。我认为，这反映出了美国的一种经营特色。

所以当初我在美国逗留期间，曾考虑不如放弃综合制造商的身份，将其余领域舍掉，把分散在各个领域的资源集中起来发展那些最具发展潜力的领域。后来我意识到"等等，我们还得考虑到客户方面可能存在的各种情况。现在的松下已然成了一个综合制造商，想要回头已经做不到了。松下电器已经踏上了综合制造商这条路，但是在公司内部，我们必须像专业制造商那样，将每个领域都做到专业化"。这是十二年前我在美国受到的启发。

还有其他问题吗？如果有的话我也很乐意解答。如果您在这方面也有相关的成功案例，请务必让我学习一下。

3. 如何协调与同行的关系

提问者：您在协调与同行的关系方面有什么秘诀吗？总觉得这方面只是停在口头上，实际操作起来非常困难。

松下：在处理与同行的关系方面，我没有秘诀。您所在的行业竞争非常激烈吗？

提问者：是的。我所在的行业最近突然很红火。

松下：那想要与同行协调发展是比较困难的。一般来说除非双方都陷入了困境，否则很难协调一致。眼下各方发展势头都很迅猛，只有那些头脑清醒的人能够实现协调。

我们过去也多次尝试过协调，但在日本人之间协调起来确实非常困难。即使动用法律手段，有时也很难实现。比如眼下（国家）在对棉纱进行限制，即便这是法律规定的，依然有很多人在暗地里钻空子，想方设法继续做。虽然像十大纺织公司[①]这样的企业在严格遵守，但是仅凭法律还是无法真正实现协调发展。且不说像久保田铁工这样的企业，现在农机领域风头正盛，相关制造企业遍地开

[①] 分别是东洋纺织、大日本纺织、钟渊纺绩、吴羽纺织、日清纺织、仓敷纺织、大和纺织、敷岛纺织、富士纺织、日东纺织。指第二次世界大战时期经企业整合后保留的十家主要棉纺织公司，不一定是规模最大的十家公司。为与战后成立的纺织公司相区分，被称为"十大纺"。

花。因此，可以说现在是竞争相当激烈的时期了，并且在短期内，这种状态应该不会改变。

换言之，在这种无序竞争的高压环境中，我们必须不断探寻适合自己的道路。随着时间的推移，大家可能会逐渐认识到，一味地竞争并不可取，转而开始尝试协调发展，但这可能还需要一些时间。我们行业中也出现了类似的趋势。因此，除非双方都意识到问题的严重性，否则很难实现协调发展。

4. 坚持做正确的事

说起来那是第二次世界大战前的事情了。当时，插座的成本非常高，而我们却以 8 分钱的低价出售，每卖一个要赔 2 分钱。彼时日本只有五六家制造插座的公司，我们是其中之一。当时我们觉得这样下去可不行，于是决定联合同行，干预价格。

各家公司的社长聚在一起，共同签署了协议。当时还没有反垄断方面的法规，如果五家公司能达成协议，那么一切按照协议行事就可以了，于是我们签署了协议并约定了协议生效时间。凭着骨子里的男子气概,我毫不犹豫地在协议上签了名,然后立即开始执行。

过了两三个月,我们召开了代理店会议,会上我遭到了强烈谴责,对方对我说:"松下你也太不像话了!听说你们这次统一了价格,但是如果我买一万或两万个产品,别处依然会按照原来的价格卖给我们,只有你们这里不行。这也太不近人情了,亏我之前还那么照顾你们的生意。今天我来这里就是要告诉你们,你们做得太过了。"

当时我是什么反应呢?我听后自然是大吃一惊。我原本以为签订协议后大家在执行统一的价格,实际却不是这样。虽然大家后来提高了价格,但是如果客户一下购买一万甚至两万件产品,他们还是会按照调整前的价格销售,只有我们公司不这么做。同行这种做法当然让我十分愤慨,特别是想到我们好不容易下了大功夫,结果却是这样,我就更气愤了。

于是我告诉对方:"我明白了。从诸位的立场来看,您生气也是理所当然的。但实际情况是这样的。×年×月×日，在东京，各公司的社长聚在一起签署了协议。我认为这是男人之间的承诺，于是坚决果断地履行了这一承诺。我原本以为大家都是如此，但根据您的说法，其他公司并没有这样做。我认为松下做的是正确的，对于严格履行承诺的松下电器，大家却在抱怨不满。我只是希望您了解，是我在坚守承诺，践行大家共同签署的协议。如果您能够与严格守约的人合作，今后您的生意一定会越来越好。如果您认为信守承诺的做法不可取的话，那么我以后不会再与您做生意了。"

对方听过之后表示："我明白了。这样的话确实能够理解。"就这样，大家都没再多说什么。从那以后，代理店对我更加信任，也更加看重我了。当然，我也意识到，为了获得这份信任，也让大家付出了一些代价。经商真是一件有趣的事啊。

人类不能受欲望支配，坚持做正确的事，自然会获得别人的认可，当时我在一瞬间突然产生了这样的感悟。原来其他公司都没有信守承诺，还真是靠不住啊。我顿时感到非常自豪，其实我在跟大家分享这个故事的此时此刻也是带着自豪感的。我不知道大家是否信赖松下电器，但是我一定会信守承诺。这样一来，大家就会非常信任我，支持我，那么其实最终最大的受益者还是我。

在竞争激烈的时期，我认为仍然能够探寻出一条正确的道路。归根结底，就是坚持做正确的事情，这样才能笑到最后。

由于时间有限，今天我就先讲到这里吧。

久保田铁工株式会社 销售研修班
1962 年 5 月 10 日
于日本生命研修所（大阪）

第四章

提升经营能力

- 一个人在经商过程中,如果不能在竞争与努力中感受到喜悦、体悟人生的意义,抑或对事业的发展无动于衷、心如止水的话,那么作为一名商人,他是不合格的。

- 缺乏自我反省意识,不能充分认识和反观自己的人,往往会落得事与愿违的结果。

- 没有员工会违背社长的命令。因此,如果公司陷入困境,责任就该由社长一人承担。同理,部门出现问题责任由部长承担,课出现问题责任由课长承担。

我是刚才承蒙介绍的松下。今天,浅草寺的大僧正猊下也亲临现场,据说是为了我的演讲而来,对此我深感荣幸。在这样的场合,我总觉得有些难以开口,不太知道该说些什么。今天就请容我即兴发挥,如果演讲中有欠佳之处,还请诸位谅解。

必须赢利

我所仰慕的安田善次郎先生

今天来到这里，我深切感受到安田生命真是一家享誉世界的杰出企业。同时，对于安田善次郎先生[①]，我从小便十分仰慕。虽然我无法企及他所成就的那番伟业，但我一直将他作为榜样。我经常告诫自己，经商也好其他方面也罢，一定要学会像他那样思考问题。

正因如此，虽然我没有完整地阅读过安田善次郎先生的传记，但其中的一些内容在我脑海中留下了深刻的印象。上一次跟与安田先生相关的公司交流，已经是数十年前的事了。能够与自己敬仰的前

---

① 安田善次郎（1838—1921），安田财阀创始人。出生于日本富山县，1863年在江户开始外币兑换业务。1876年创立第三国立银行，1880年创立合本安田银行。截至1920年，安田系已经拥有银行20家、人寿保险及其他相关公司29家，从而确立了安田财阀在经济界的地位。

辈开创的公司进行直接对话和交流，对于我来说是一次非常奇妙的经历，仿佛心中一直期盼的场景终于化为现实了一样。对此，我感到由衷的喜悦。

这座建筑物占地约 3 万平方米，据说是投入巨额资金建造的。不仅是东京，如今日本各地都在陆续兴建这样的雄伟建筑，这侧面反映了日本的繁荣，作为日本国民，我感到非常欣慰。尤其是这座建筑物里使用了松下品牌的产品，对我来说，再没有比这更令人高兴的事了。自己所经营的事业以某种方式为社会做出了贡献，此外又承蒙了安田集团的厚爱，这种欣喜是无法言喻的。

在竞争中体悟人生的意义

经商这件事说来也奇怪,提到"经商",人们总觉得有些肮脏。但是在我看来,那种看似肮脏的地方,实则蕴藏着极大的乐趣。同样一种商品,是我们公司胜出还是对手方胜出,这就像相扑赛场上的较量,最终要分出高下,是很有意思的事。

各家公司都应在正当范围内竞争,不断努力,如此才能从中体悟到无上的喜悦和人生的意义。对此淡漠无感或许是一种高尚且超脱一切的表现,但从某种意义上来说,这也是一种死亡。在我看来,对事业的发展无动于衷、心如止水的人,作为一名商人,是不合格的。

只要是经商,无论身处哪种行业,大家都应拼尽全力。虽然我对保险公司了解不多,但是从广告和其他宣传活动中可以看出,保险公司都在积极开展竞争。虽然"竞争"这个词听起来有点难听,但归根结底就是竞争。大家会对比每年公布的合同数、实际资产等数据,看哪家公司做得好,哪家公司做得不好。整个公司都会关注这些数据。我认为,这些就是经营保险公司的本质,同时对于保险公司的员工来说也是人生的意义所在。

在我看来,这与我们的工作是相同的。如果将范围进一步扩大考虑,也可以了解到我国的经济界、欧洲的经济界,又或者美国的经济界是如何运作的,它们之间又存在着怎样的差异,日本正如何向西方经济界靠拢,等等。我想这些都应该是国民重点关注的大事。

众所周知,最近资金短缺,经济界面临着诸多问题。例如,自由贸易的范围将在今年(1962年)10月扩大到90%。在过去的两三年里,日本经济界是在应对贸易自由化问题的过程中发展至今的。

具体来说,一旦真正实施贸易自由化,外国商品将不断涌入日本国内市场,这将引发真正的激烈竞争。之前由于存在关税壁垒、许可证制度等,无论外国的商品在价格和品质上多么具有吸引力,日本的消费者都很难购买到外国的商品。所以，日本的商品相对来说才得以畅销。

然而，一旦实施贸易自由化，消费者将可以更自由地选购商品，日本商品会被外来商品挤占市场份额，日本的产业将面对来自外国的竞争压力。这是日本经济界必须面对的巨大挑战。为了应对这种情况，我们必须提高产品质量，将价格降至国际水平。为此，大家正在不断努力。

具体来看方法虽然有许多，但大致的思路还是要进行批量生产，改进设备。通过工厂设备的现代化改造，实现大规模生产，从而降低价格，提高质量，最终达到与海外产品竞争的目标，大致就是如此。

升级设备反而适得其反

政府鼓励民营企业升级设备,而民营公司也都在朝着这个方向努力。因此,自然会出现大规模的设备升级浪潮。各大公司严格顺应政策方针,当然会取得各种效果,但如今面临着一个问题。那就是,虽然采取了这样的方式,但实际结果却没有达到非常理想的状态。

经济界在升级设备、改良工厂等方面投入了大量资金,此后人们成功地利用这些设备实现了大规模量产,不仅提升了产品的质量,也让价格更加亲民。我认为这就算取得了成功,达到了预期的目标。然而,尽管已经改良了设备,但由于实际需求不足,这些设备无法物尽其用,出现了部分闲置的情况,这就是我们眼下所面临的状况。

好不容易改良升级的设备面临闲置,而闲置设备却会产生额外的费用。同时,利息也白白浪费了。因此，原本是为了改善产品质量和降低价格，升级设备却在贸易自由化的过程中起了反作用，使得产品变得更贵了。现在这种趋势尤为明显。

这个道理显而易见。如果设备闲置率高达30%，那么其产生的额外费用就需要70%的生产制造来填补。这样一来，理应降低的成本反而升高了。这就是我国目前的状态。

这是一个非常严重的问题。以汽车公司为例，它们升级设备，进行大规模生产，从而降低成本与外国竞争。在这个过程中，它们的设备数量翻了整整一倍甚至三倍，而产品并没有如预期一般畅销。也就是说实际上添置和升级设备后设备的产能超过了实际需求。于是一部分设备只得闲置，反而导致成本增加。极端来说，这就是我们目前的一种趋势，这种趋势不仅出现在汽车行业，也存在于其他核心行业中。

也有观点认为，如果能够进一步改良设备，充分提升设备性能，就可以把成本降得更低，然后大量生产大量销售。但是日本的经济实力，或者说需求量本身在一定程度上是有限度的,除非能立即出口到海外,否则设备一定会闲置。闲置的设备拉高成本率,加剧企业资金短缺。如此持续下去,日本便会走向经济萧条。这就是我国的现状,也是当下一个非常棘手的问题。

如今银行也没有钱

就目前的情况而言,如果企业家在迄今为止的经营活动中并无问题,而且经营本身没有大错,那么在向银行贷款时,银行基本会同意。对于经营活动异常混乱的公司,银行是不会发放贷款的,但是对于那些非常可靠、运营稳健、具备发展潜能的公司,不管从哪个角度来说银行都会给予援助的。并且,如果具备适宜条件,银行是非常乐意发放贷款的。

然而,最近即使具备这些条件,银行也不发放贷款了。这是为什么呢?因为银行也没有钱了。这是很有意思的。以前我们都认为银行肯定不缺钱,但最近,银行却成了最缺钱的地方。这是非常反常的事情。

在这一点上,人寿保险公司就截然不同了。虽然银行没有钱,但人寿保险公司每个月都有稳定的收入。因此，说句可能会受到指责的话，我认为今天无论什么企业，都没有比人寿保险公司更稳定、更恰逢其时的了。所以，能够在这一领域大放异彩，我由衷地替诸位高兴。但是，其他行业如今却正面临着暗潮汹涌的艰难考验。

我不确定这种现象会持续多久，但在我看来，造成这种情况的主要原因在于经济界本身，并且往大里说，这也与日本的经济政策有关，而不是单纯由外部环境导致的。过度扩张导致成本上升，这种趋势与日本的企业家及政府的经济政策密切相关。对于这种现象，我们无处抱怨，只得反省自身，静下心来思考以后应该怎么办。这是我们如今所处的状态。

事与愿违

我们在平时交流中,常常会提到一个词,叫作"事与愿违"。"事与愿违"这个词的字面意思我们都很清楚。它不但出现在各类图书中,也在前辈们的讲话中时常被提及。事实上,这种"事与愿违"常常在我们不知不觉的情况下发生在我们身边的各种地方。

稍微将思绪拉回到久远一些的过去,丰臣秀吉曾对朝鲜发动战争就是一个"事与愿违"的典型案例。其实当时本不必如此。但是彼时的丰臣秀吉认为那样做是有意义的。当时,他大概从各个方面都认为这件事情大有意义,于是出兵朝鲜,结果惨遭失败。失去的远大于得到的。我认为这就是"事与愿违"的典型案例。

在日常的工作中,我们可能会因为认为某事值得一试,认为某事是应该做的而采取行动。虽然有时确实会取得成功，但结果"事与愿违"的情况也非常常见。

为什么结果会"事与愿违"呢？仔细思考过后，我认为这可能与缺乏清醒的自我认知有关。换句话说，可能是因为我们缺乏自我反省。

往小了说，这也适用于公司的员工、商店的店员等个体。数以万计的员工各有各的想法和志向，他们确立志向并朝着它努力，然而结果往往以失败告终。从个人角度来看，这一结果便是"事与愿违"的。为何会如此呢？我认为是因为这些人对自己没有充分的认识，他们缺乏自我反省、自我分析。

再来看店铺经营。每家店铺都希望招揽更多生意，取得更大的进步和发展。为此，他们会思考应该推出哪些产品，以及为了推销这些产品需要做哪些宣传，等等。然而，实际操作起来这些计划往往会失败，这种失败就是所谓的"事与愿违"。导致失败的关键因素是什么呢？我认为是他们判断是否应当采取行动的标准出现了问题。

有些人只考虑通过什么方式能够赚到钱，能够提升自己的地位，或者更进一步，希望通过自己的行动使某些人高兴，使公司领导满意，进而决定去做。其结果往往"事与愿违"，我认为这是因为这些人的想法在某种程度上来说过于乐观了。

不可或缺的自我认知与自我反省

我认为,缺乏深入观察的内省能力,会让人逐渐变得自负,一门心思想着"我有这么大的能力,这样做一定没问题",从而立下不合时宜的志向。然而,他们的实际能力可能不足以支撑这些志向,最终导致失败。我认为,"事与愿违"的原因说到底在于自我反省不足。

不必一定要拿丰臣秀吉做例子,这种想法其实在我们的日常生活中也随处可见。究其原因就在于我们不能正确认识自己,没有静下心来自我反思。

这样一想,"事与愿违"这个词在我们一生之中屡有发生。我认为这十分有趣。所以,无论是在公司、店铺,还是在个人生活中,我们都要时常反思这些问题。

我刚才提到过,公司需要具备强大的竞争力,同时也需要不断奋斗,不断努力。一方面,对于公司来说这是必需的。另一方面，当我树立某一目标，例如决定开发销售某种产品时，我会详细考虑自己是否具备实现目标的能力，究竟能否成功。如果过于勉强，我一般会放弃这一目标，但如果无论如何都想做的话，我就会思考如何提升自己的能力。

例如，如果资金不足，我会去找银行商量。如果银行说"松下先生，您要做的事情非常重要，请放心大胆地去做吧，我们会提供支持的"，这样资金问题就可以通过银行得到解决。如果缺技术，那就要想方设法集合各方技术，如果仍然解决不了问题，就考虑从其他地方引进。如果在日本国内遍寻无果，可以将目光投向海外，海外有所需技术那就从海外引进。通过这种方式，弥补技术上的不足。

然而，在引进的过程中，可能会付出高昂的代价。因此，尽管引进技术可以提升实力，但如果代价过高，反而会削弱自身实力。如果是这种情况，尽管需要这项技术，也不宜引进。虽然资金问题可以通过向银行贷款来解决，技术问题可以通过海外引进来解决，但如果代价过高则会得不偿失。在这种情况下，虽然十分遗憾，但时机未到，我会选择暂时忍耐并果断放弃。在某些情况下，放弃是必需的。

一般来说，公司都会进行这样的自我反思。我们公司也是这样一路走过来的，所以还没有遭遇过重大失败。

然而也有人会因为内心想做某件事的欲望过于强烈，便去向银行寻求帮助。所幸银行也同意提供贷款，这样就解决了资金不足的问题，同时，技术上的不足也通过海外引进得以弥补。虽然代价稍高，但如果这件事能够成功的话也是完全能够支付得起的，所以只要去干就好了。这种做法究竟是正确的，还是过于冒险呢？这就取决于经营者或者公司高层们的见地。

在我看来，做决策时必须具备明智的判断能力，至少要经过充分的研讨之后再做决定。如果无法做到这一点，还是干脆不要做，那最为保险。

我认为，无论是国家治理、公司经营，还是个人的处世之道，都需要在一定程度上进行这种思考。当然，并不是所有事情都可以按照这种思维方式来做。人有时候会过于自负，有时也可能会稍微偏离轨道，但我认为只要能够以这种方式思考问题，就不会大幅度偏离正确的道路。

外国援助带来的繁荣

我认为现如今的日本经济界似乎正缺乏这样的反省精神。日本能够取得今日的繁荣，其实基本上并不是凭借日本自身的努力，而是在很大程度上依靠了国外援助。我们不能忘记，我们今日实现的巨大繁荣，很多得益于来自国外的援助。

众所周知，日本成立了生产性本部，致力于研究如何提高生产力。在该机构的组织下，各地都在举办高层管理人员的研讨会。经营者该思考什么，高级管理人员该思考什么，中层管理人员该怎样为公司和社会服务，等等，这些都属于他们的研究范畴。

正是通过这些努力，日本的经营阶层、高级管理人员和中层管理人员的思维方式得到了显著的提升。但是，这个理念并非日本人最先提出的，而是美国为促使日本进一步增强生产力，早日成为拥有强大力量的自由国家而提出的。当时美国派遣讲师来到日本，正得益于他们的指导，我们才获得了今天的成就。甚至连经营方法，也是在他们的指导下，一步一步发展至今的。

至于技术方面，虽然需要支付相应的报酬，但是我们学到了许多技术。就拿我们公司的晶体管来说，虽然日本国内有十几家公司都在生产这种元件，但无一例外使用的都是外国的专利，并且要支付专利费才可以。不仅是晶体管，几乎所有高级机械，无论是技术还是其他方面，都在从海外引进。

大型多元化企业从数十家公司引进技术，且每个领域都在引进技术。虽然要付出相应代价，但这一点无须过多顾虑。因为如果不付出代价，就无法实现日本的繁荣。幸运的是，我们以相对合理的价格获取了这些技术，进而得以重建日本。如果没有这些技术，日本根本无法凭借一己之力将技术水平提升至今日的地步。此外，第二次世界大战结束后，我们在生活方面也接受了诸多援助。

基于这些大量的海外援助，我们才取得了今日

第四章　提升经营能力

的繁荣，因此我们不应该太自以为是。然而，究竟有多少人意识到了这一点呢？当然，目前也有人在思考这一问题，但总体上来说，我们并没有太重视这一点，反而有轻视的迹象。不仅仅是轻视，还有一种趋势，就是认为我们自己的力量在某些方面甚至超过了海外，并且基于这种思想采取行动。这种趋势的一种表现就是，追随着所谓的"收入倍增"的口号，过度升级设备，结果适得其反，导致成本不仅没有降低，反而变得更高了。

如果日本迄今为止的繁荣完全是凭借日本人自己的力量实现的，是通过我们自主独立的努力实现的，那么我们完全可以昂首挺胸地面对世界。然而实际情况却是，我们几乎完全是在外国的引导下走到今天的。当然，这种引导不仅仅针对日本，也有其他国家获得了类似的引导。但是，并非所有国家都能够充分利用这种引导。从这个角度来看，尽管日本是在他人帮助下走到今天的，但是能够充分利用这种帮助并加入一些自主思考来发展经济也是值得骄傲的。

虽说可以引以为傲,但总的来说,我们还是要对这些事情有充分的了解,并重新审视日本经济的发展,进而继续坚定不移地前行。

美国的合理主义

关于目前的经济界问题，我认为我们应该踏实做好自己的工作，不能过于浮躁。

最近，在纽约中央车站附近，高达60层的"泛美大厦"正在拔地而起，计划于明年（1963年）完工。

这座建筑非常高档，15层及以下将由泛美公司使用，16层及以上将作为办公楼对外出租。前年，松下电器受邀租用了其中一层楼。当时，我觉得对方专程从美国来邀请很有意思。美国的大楼管理者总是站在全球视野运作公司。为什么邀请松下电器呢？因为他们想将这座大楼租给世界上那些实力强大的公司。后来经过各种研究，我们最终签订了合同。

尽管这座大楼的名字是"泛美大厦"，但它并不是由泛美公司建造的。它的所属方实则另有他人，但是因为15层及以下都归泛美公司使用，所以大楼被命名为"泛美大厦"。我认为这也很有趣。

通常情况下，所有者会以自己的名字来命名大厦，以告知他人"这栋大楼属于我"。但在商业上，他们可能考虑到一些其他因素，所以以大厦的使用者泛美公司的名字来为大厦命名。这么做是从实际利益和合理性的角度出发，所以也可以理解。如果在日本，我想人们可能更愿意以自己公司的名字命名，而美国却没有这样做，我认为这一点非常有趣。

据我所知，这栋大厦是当时最高的建筑，而且位于纽约中央车站附近，地理位置非常好。此外，交通也非常方便，可以说是绝佳位置。至于租金嘛，换算成日元的话，每平方米每月大约是2100日元。现在在日本，稍微好点的地方租金要5000日元左右，而且对方表示押金一分钱都不需要，只要签订合同就行了。这样算下来，我觉得这比日本的房租还要便宜。总之，这个大楼本身我觉得非常不错，租金也非常便宜，夸张点甚至可以说约等于白用。这正是我们所期望的，不需要花一分钱就能享用如此气派的大厦的一层。早就听闻美国利率低，原来不仅利率低，建筑本身也是很便宜的。

提升经营能力才是先决条件

建筑便宜,利率低廉,物价虽因物而异,但总体来说并不算贵。从这些因素来看,美国在经济活动方面掌握着非常有力的武器。反观日本,地价高,建筑费贵,利率高,因此生产出的产品必然更加昂贵。

因此,面对诸多不利的基础条件,日本企业要在贸易自由化中获胜,必须拥有其他过人的优势。首先最为重要的就是经营能力。正如我刚才所说,我们的这种经营能力是通过教育和引导获得的。而如今,在我国的经营者群体中或多或少也产生了一些新的经营理念。考虑到这种情况,我认为在正式实施贸易自由化之后,很难说谁会成为最后的赢家。

在这种胜负难料的情况下,日本还面临着一个新情况,那就是过度的设备升级所导致的成本升高。这也可以说是事与愿违吧。

面对贸易自由化，为了提高品质、降低成本，需要升级设备，进行大规模生产。然而结果却是设备过剩，出现闲置，导致物价上涨，可以说是背离了初衷。这种事与愿违的现象也存在于如今的经济界。

是什么导致了这种结果呢？我认为主要还是因为缺乏自我反省、自我审视和自我认知。日本经济界的真实状态是怎样的？劳资关系、经济行政管理是否合理？即使员工的薪资较高，但是如果员工卖力工作，高工资也是值得的。结合高产出来看，其实高工资也是合理的。然而，我们目前缺乏对这种合理性的把握，仍然只是在表面上做文章，这也是原因之一。如今面对贸易自由化，我们必须清楚，这种浮于表面的做法会导致我国的经济界持续出现这种事与愿违的结果。

第二次世界大战后有一个词叫作"国民总反省"，尽管直接套用并不妥当，但是我认为如今的经济界人士必须进行全面的、发自内心的反省，同时还要找到自己的弱点并针对这些弱点逐一解决。

美国的经商环境

我想在这里分享一些我的个人感受。我们公司于前年（1960年）在纽约开业并开始开展销售活动。目前当地的员工只有十四五个，主营家电等大众商品，而且主要面向零售商销售。现在登记的零售商已有2700家，显然这十几个人并不足以应对如此多的客户。那该怎么办呢？幸运的是，美国有很多帮助企业开展业务的辅助机构，其中就包括催款公司。

由于人手有限，根本无法应对2700家客户，所以我们选择委托催款公司。催款公司会进行信用调查，告知我们哪里的生意可以做，如果出现收不回钱的情况他们也会负责。这和保险有些类似，对我们来说非常方便。物流方面也是如此，广告宣传也是如此，只要我们提出计划，就会有很多机构提供帮助。这些机制都极为完善。

所以我认为美国是一个非常适合经商的国家。如果没有这些机构，我们几乎无法经营下去。正因为有了这些机构的支持，我们只靠十四五个人就可以应对2700家客户。在美国，成功变得更加容易。任何适当、准确且不出格的想法都能在这种完善的制度之下得到助推。

我相信，我们国家未来也会朝着这个方向发展。但目前的真实情况却是，无论哪家公司都必须亲自催款。虽然保险公司专业、高效，但像我们这样的公司，催款是必须自己出面处理的。而且即便是在收款日上门催款，有些人依然不付款。有时候他们会让你明天再来，或者要求再推迟几天还款，这就使得催款成本不断增加。但是，人们认为这些是理所当然的事情。

如果把美国和日本做对比就会发现，日本的经营成本要高得多，尤其在催款方面，我觉得美国的成本大概连日本的三分之一都不到。抛开成本不谈，从时间上来说，在美国催债也相对轻松，而且无须动脑思考。美国催款业务的优点大抵就是这样。

综合多方因素考虑,日本如果未来作为世界的一员,想在经济上与其他国家一争高下,必须改变现状。无论是社会形态还是商业道德。如果我们真的想要在竞争中获胜,那么政府机构也要做出相应的改变。更为重要的是,国民的商业道德也必须得到彻底改善。也就是说,我们必须买了东西就立即付款。只有这样,我们才能在真正的较量中与他国一争高下。

日本是美国的转包工厂

如今，日本的对外贸易不断增长，这是一个相当不错的趋势。在这之中，有一些贸易颇受美国欢迎。而且，我们经常听说有些人去美国买回来的伴手礼，仔细一看其实是日本制造的产品。可以说，许多日本商品已经流入美国市场，而且颇受美国人欢迎。

从这个角度来看，日本已经取得了很大的进步，技术也在不断提高，甚至有一些人认为，日本已经拥有了不逊于美国的技术实力。

然而从另一个角度来看，情况却有所不同。大家不涉足制造业，所以可能不太了解。其实每家公司都有自己的转包工厂。在这些工厂中，有些下游工厂本身拥有技术，有些则只是进行装配。所以，某些产品过去是由母公司制造的，但如今母公司已经不需要亲自制造这些产品了。只要稍加技术改进后，将制造任务交给转包工厂就好了。这样做能够降低成本，而母公司也可以专注于更高级更复杂的产品研发，逐渐进行转型。我认为现在我们的情况与此相似。

日本的技术水平大幅提高，导致日本产品不断流向美国。可能有人认为美国会对此感到困扰，但从另一个角度来看，美国可能认为这些事情在自己国家无须亲自去做，交给日本反而更有优势，而日本也乐意做这些。在这种情况下，我们才取得了美国的订单。而日本则因此认为自己的技术已经达到世界一流水平，断定是因为美国自己无法制造而只好向日本购买，将此视为日本发展壮大的标志。实际上这种认知并不准确。

如果事实果真如那些人理解的那样，那么美国会陷入困境。但是美国的思路是，将日本可以完成的工作都委托给日本，而那些需要进行全球性开发的高端产品则留给自己来做。在日本的母公司和子公司之间，过去由母公司制造的产品，现在都交由子公司或转包工厂去制造，而母公司则专注于研发更加高级的产品,以此谋求母公司的发展壮大。以现在的情势来看,这种思路如今的确存在。因此,面对不断增长的对外贸易,我们应该深入思考。

我们不应仅满足于出口获取的收益。如果哪一天,我们可以反过来告诉美国,某些事情交给美国更划算,而我们日本应该致力于制造出更多美国无法制造的高端产品,那才是真正了不起的事情。然而,目前的情况恰恰相反。尽管如此,我认为在某个阶段,我们需要甘愿做好转包工厂,尊重转包工厂的重要使命并对此怀着感激努力工作。我不认为这是错误,也不觉得有什么不好。但是,我们必须对这种情况抱有清醒认知,并不断向前发展。

公司碰壁是社长的责任

最后我想说的是,公司的理想发展状态应该是以社长为中心,全体员工协力工作。但是,实际上要做到这一点十分困难,所以我常常感受到,公司经营就是社长一人的责任。

实际情况也的确如此。以前经营不善的公司因为换了社长而气象一新,这种例子并不少。因此,我认为社长不仅责任重大,同时也非常值得尊敬。

当然也有例外情况,但总体而言,大多数公司的决策权都在社长手中。社长提出想法极少有人会反对。在绝大多数的公司里,全体员工都会绝对服从社长的指令,社长说向左就向左,社长说向右就向右。所以,如果社长让员工全体向左而碰了壁,那就是社长的责任。所以,社长的责任非常重大,并且是需要其个人承担的。我常常向公司员工强调这一点。因此我认为,松下电器的成败都是我一个人的责任。

然而还有后话。如果没有后话可就麻烦了。我问他们："大家都明白了吗？"他们回答说："您能这样想真是太好了。"那么，部门的责任呢？部门的责任应当由部长一人承担。课的责任则该由课长一人承担。有时部长会跟我说"我的下属不够优秀"，或者抱怨说部门绩效不佳是因为员工整体水平较低，下属的能力与岗位不匹配才影响了工作进展，但我并不认同这种观点。

为什么不认同呢？因为出去不能跟别人说"我本人非常卖力，但是因为员工或部长表现不佳，所以松下电器的绩效不佳"。这种话说出去只会损害公司的信誉。同样的道理，"部门绩效不佳，可能的确是因为部分员工表现不够好，但是作为部长，你这样说就是在逃避责任。要记住，你的部门出现问题就是你一个人的责任。社长如此，部长亦如此"。

掌握公司兴衰关键的最高负责人

但是对方却表示"我提升不了业绩啊"。"为什么做不到呢？你或许无法改变员工的能力，但是在那种情况下，可以通过换人来解决问题。明知道某个员工表现不佳却坚持任用他，是不负责任的行为。这种事情是绝对不能容忍的。"

在过去的一段时间里，我曾经多次对下属说过这样的话。所以部长不再说是员工不好，或者某某原因导致绩效不佳的。课长也是一样。当情况确实不尽如人意时，如果明知道问题所在却没有解决问题的能力，就该退位让贤。这种时候要说"我对此实在是别无他法，还是把他调到别处吧。这样的话，他或许能在更适合的新岗位上发光发热"。如果不能向公司提出这样的要求，作为课长就是失职的，是绝对不能容忍的。

这种事情好坏暂且不论。实际上，国家的发展或衰退很大程度上取决于最高负责人是否坚定，是否具备责任感。在国家的发展过程中，如果最高负责人认定一种做法，那么我们就必须坚定不移地执行，而最终责任只落在一人身上。公司亦如此，从社长到部长，每个人都应该对自己的工作负责。只要大家认同这一点，公司发展就能顺风顺水。

尽管这件事十分困难，但是如果具备这种思维，就能够在一定程度上避免失败。即便不是非常成功，至少也可以进入成功的行列。但是如果回避责任，就可能会陷入失败的行列。

相信今天在座的各位都是保险公司的高层管理人员，都具备这种责任感，而这也正是安田生命发展壮大的原因。希望诸位听了我的演讲能够有所共鸣。

由于时间有限，今天我的演讲就到此结束吧。之前说过要留 20 分钟的提问时间，但是由于我讲得太久，已经超过了预留时间，所以这个环节留到下次再进行吧。非常感谢大家。

安田生命保险相互会社 部长科长研修班
　　1962 年 6 月 25 日
　于安田生命总公司（东京）

第五章

经营不可强求

·迄今为止，我从不会纵容自己的情感左右工作，而是在一定的限度内，保持张弛有度，稳步前进。我从来不强求，才幸得顺遂的结果。

·既然动用天下的钱，劳动天下的人来经营事业，就必须取得相应的成果。因为这种情况下的损失不仅是公司的损失，也是国家和社会的损失。

·在民主主义的基础上让合适的人在合适的位置上做事，便可产生经济效益。节约金钱和时间正是民主主义与生俱来的特点，美国的繁荣也正得益于此。

第五章　经营不可强求

我是刚才承蒙介绍的松下。今天能够受邀来这里讲话，我感到由衷的喜悦。

实际上，很早之前我就曾受到过一次邀请，但当时因为时间不方便只得婉拒。从那时起我就想着以后一定要另寻机会来到这里，幸运的是，今天正好得到了这样一个机会。一方面是为了能够与大家当面交流，另一方面，因为信越广播向我们相关公司订购了电波中继设备，我想对此表示感谢。一半是出于商业目的，一半是为了与大家见面，这就是我今天来到这里的原因。请大家多多关照。

人生百味之一

这是我第一次来到长野县。从商业立场来看，长野县有很多我们的客户，这里的很多家庭使用松下品牌的家电，因此我们与长野县可以说是关系深厚。然而直至今天我才终于有幸来到这里。

人类有时候就是这样，有这样那样的愿望，但是有些始终未能实现。就像我也曾多次希望能来到长野县，但实际上在过去的45年间从未如愿。相反，我倒是经常会去一些与自身无关的地方。然而，心里想着这件事必须完成，这个地方我必须去，却最终没能实现，所以说人生的道理并非总是能够说得清的。就像对长野县，我虽自认为有缘，却一直未能亲身来到这里。

幸而今日受邀，又与信越广播的友人们结下新的缘分，才得以达成我的夙愿。人生中，有时因为一些小事情很快就能如愿以偿，但有时明明怀着强烈的愿望却终究难以实现。只凭自己的力量或者想法有时很难得偿所愿,这也是一种独特的人生滋味吧。

黄金出口禁令解除导致经济萧条

自我开始经商以来,距今已经有45年了。在这期间,我经历了各种各样的事情。但总的来说,可以说是一帆风顺。

这并不是自我吹嘘,事实确实如此。这首先要归功于时代,另外也要归功于我所从事的行业。也就是说,原因在于时代在进步,而电器产品又在与时俱进。我认为这些因素是我取得成绩的原因之一,但并不意味着仅凭这些就可以高枕无忧。

坦率地说,我在事业上确实没有遇到什么大的阻碍。你可能会说"哪里有那么顺利,你肯定也遇到过困难",但事实上,我确实没有遇到过真正的困难。

要说迄今为止我遇到的最困难的事,那应该是很久以前的事情了。大约1927年或是1929年的时候,我国解除了黄金出口禁令,那好像是在滨口

第五章 经营不可强求

（雄幸）内阁时期。当时，关于是否应该解除黄金出口禁令，政界和商界都争论不休。当时我的生意刚起步，我对这方面的事情不太了解，但现在我可以想象，解除黄金出口禁令在经济和国家层面都是一个相当重大的问题，政府的决定应该是建立在充分的思考和讨论的结果之上的。其结果是，政府认为没有问题并最终选择解禁。

然而，解禁的消息一经公布，次日经济界就掀起了轩然大波。早晨的报纸上，很多关于银行遭到挤兑的报道。又过了一天，早上我在卧室翻看报纸，看到的净是哪家工厂关门了，哪里爆发罢工了，等等。对于经商者来说，社会形势突然变得极不稳定。

生产减半但不裁员

当时,虽然我们的工厂规模较小,但也被卷入了这场风波。销售情况在一夜之间变得极差。我们资金有限,没有大量库存。而且,黄金出口解禁所造成的影响根本无法预测何时会平息。情况越来越糟,问题愈发严重,当时我觉得不能再这样下去了,必须做出决策。

我做了一个什么样的决策呢?就是既然产品滞销,那就把产量减半。缩减产量有两种方法,一种是解雇员工,缩小生产规模;另一种是不采取解雇措施,只减少生产。我当时一直在思考哪种方法更好。

那个时候,劳动工会还很少,工厂出现人员冗余的话是可以解雇员工的。因此,各地出现了大规模的解雇风潮。我们的工厂当时只有一百四五十名员工,解雇一半员工的话,那就需要解雇六七十人。这在当时完全可以做到,然而我却没有选择解雇员工,而是采取了另一种方法:将工厂改为半日工作制,但工资仍然支付全额。

然后,我宣布了这个决定。"资金实在有限,生产再多也卖不出去,所以工厂改为半天工作制,但是工资将全额支付给大家。"这样说完,大家都没有意见。即使在今天也不会有意见,那时候没有劳动工会,所以员工们更没有意见了。有人疑惑道:"老板,这样没问题吗?""没问题。"我这样答道。于是就这样实行了。当时我又对他们说:"工厂员工执行半天工作制,但是店员恰恰相反。从今天开始你们要日夜无休地努力销售。"于是,一切安排妥当,当时我们就以这样的状态静观事态发展。

几个月后,情况逐渐好转,库存完全清空了。于是我们便恢复了整天工作制,最终顺利渡过了这个难关。我们没有降低价格,因为生产减半,所以资金需求不大,因此也并不需要为了资金周转而进行廉价甩卖。

虽然没有降价，但改为半天工作制造成了半日工资的损失。不过，半天工资与不断生产却卖不出去造成的损失相比微乎其微。所以从数额上来看，工资的损失完全是可以承受的。就这样，我们避免了巨大的损失，并在两个月后恢复了正常运转。

这在我的经历中可能算得上是困境，也可能根本算不上真正的困境。当时我并没有太慌张，也没有将其视为很大的问题。这是因为，当时没有人知道日本解除黄金出口禁令后会出现怎样的结果。如果政府当局知道的话，他们就不会这样做。然而，当时大家都认为没问题，所以才实行了解禁。经济界人士也认为，既然政府说没问题，那就应该没问题。然而事实证明，这是一个错误的判断，最终结果事与愿违。

回想这段经历，我觉得世界上大部分事情开始都是不确定的。人们在他们自以为很了解的地方却往往存在误区。我当时想明白了吗？其实并没有。但是，当时我认为那就是眼下能够采取的最佳方法。我做好了承担一些微小损失的准备，因为最多不过是两三个月的半日工资而已。换来的却是资金和价格方面不受影响。工作时长减半，支付全额工资，然后耐心等待时机的到来，这就是我当时将损失最小化的方法。虽然解雇员工可以避免损失半日的工资，从损失的角度来看，这可能是最好的选择。然而，一旦解雇了员工，在情况好转后再要重新雇用，难免会令人感到遗憾，也会动摇自己的信念。我在当时就是这样想的。

所以，一番思考过后，我果断地宣布了这个决定。这种做法非常好。同行业中可能也有人采取了这样的做法，但总体而言，更多的人选择了裁员和缩减规模。虽然解雇员工后再重新雇用在当时并不困难，但维持原状要比重新雇用更加简单。

萧条孕育信念

这次经历也成了一个转折点。在此之后我的工作变得异常容易，因为我从这个小店中孕育出了一种信念，那就是经营是可以采用各种方式和方法的。我十分庆幸自己具备了这种经营的信念。与此同时，员工们也开始相信"老板说的果然没错，只要努力就能做到"。于是我们互相信任，相互支持。而后，这种信念又不断传递给年轻的新员工。当然，在危机过后，其他竞争公司需要重新雇用人才，而我们则无须再招，所以可以做到当即增加产量。松下电器正是以此为转折点，开始蓬勃发展起来的。

虽然采取了两个月的半天工作制这件事本身会造成一些损失，但我们凭借这一应对策略顺利渡过了难关，树立了强大的经营信念，在随后的增产过程中，我们能够更快地增加产量，最终实现了迅速

第五章 经营不可强求

增长。

如果要回忆困难的话,我认为这确实是一段困难的时期。但是,正如我刚才所提到的,即使困难当前,也总是有方法可以解决的。

回想起来,之后我们再也没有遇到类似的困境,公司得以一直稳步前行。有人问我为什么会这么顺利,我倒觉得这是理所当然的。因为现在回顾过去,我觉得我从来没有勉强做过什么事。在迄今为止的经营过程中,我认为自己并没有纵容自己的情感左右工作。实际上,我是在一定的限度内,张弛有度地稳步前进的。从外界来看,公司似乎正在高速扩张,但对于公司自身和我个人来说,实际一直都是在保有适当余地的情况下稳步前进的。正因没有过度勉强,才不曾遇到什么难关,一帆风顺地走到了今天。

以客户为鉴

我们有许多客户,其中一些正在发展壮大,而另一些还有待发展,需要整顿。考虑到与客户的业务关系,有时我们也必须从旁协助,并加以研究。我们比较那些表现良好和表现不佳的客户时发现,在那些表现不佳的店铺,店主无一例外地承担了超过其个人能力的工作;在表现良好的店铺,店主则保证了自己的工作在能力范围之内。这一点非常明显。

人们常说一个店铺的失败通常是经济不景气之类的情况导致的,但仔细想想,其实失败更多是因为经营者的想法有时并不切合实际。

对于我们来说,不仅要关注自己公司的经营,还要关注客户的经营。通过观察客户的经营,我们可以从中得出一些结论,比如采取某种方式会失败,采取某种方式则会成功。从这些实际案例中,我们可以得到不少经验教训。

有的客户破产了，有的客户成功了，这些对于我们来说都是活生生的经验教训。每天从这些经验教训中获取养分，就可以不断完善自己。所以，说这种方式非常方便虽然有点奇怪，但是这确实可以让我们在不亲身经历的情况下，体会他人的喜怒哀乐。

通过吸取这些经验教训，松下电器几乎一直在一帆风顺地稳步前行。

在这种长年累月的积累和学习中，我逐渐形成了一些思维方式，或者说是信念。其中之一就是，事业不存在失败，失败就是一种错误。失败了一定是有原因的，只要消除失败的诱因，就能走向成功。

我们通过借鉴客户经验、吸取客户教训不断反思和改善自己。因此，虽然外界可能认为我们的扩张速度很快，但我认为，实际上我们正在以一个稳妥、安全的状态不断前进。

经营必须认清企业的社会性

此外还有一点,我认为我在事业方面的社会观也在一定程度上得到了改善。具体来说,今天我们在进行贸易往来、经营企业时会筹集资金,然而这些资金并不属于个人。虽然有些人可能会动用自己的财产,但从本质上来说,这些资金属于社会。我们是通过筹集社会的资金来开展业务的。

人又是怎样的呢?人当然不只属于自己,同时也属于别人,更确切地说,每个人都是社会的人、天下的人。我们聚集天下的人,筹集天下的资金来开展业务,所以如果不作出一些成果实在说不过去。

然而这只是我们理念的一个方面。从另一方面来看,经商失败的人往往非常可怜,值得同情。从人情世故上来讲,这也无可厚非,但实际上我认为这种失败是不可原谅的,应该追究他们的责任。但是很少有人会真追究他们的责任,反而会对他们表示同情。这种现状在当今日本的经济界中相当普遍。

我认为这是一个很大的问题。即使是大型企业,如果在五年内没有取得任何成果,那么即使筹集再多天下的金钱,聚集再多天下的人,也不好过吧。贷款给他们的人会陷入困境,当然最大的受害者还是社会、国家和国民。如果从这些事业中没有获得一分钱的回报,如果不能缴纳应缴的税款,受影响的不仅是这些集团本身,还包括整个国家和全体国民。那么现在大家是如何看待这种情况的呢?我认为目前社会对这一现象极度漠视。

这就反映了当今日本经济界的弱点。现在与过去不同,虽然在当今社会,个人财产已经在法律上获得承认,但其本质仍然带有社会性。个人的资产如此,个人经营的事业也是如此。如果以股份制公司的形式进行经营,那么其社会性将更加显著。然而,现在很多人认为,企业遭受的损失只是企业主的损失、公司的损失。我认为这种观点是错误的。企业的损失不仅仅是企业主的损失、公司的损失,同时也是国家和社会的损失。因为企业原本应该将其部分收益上缴国家，否则国家的财政就会受到影响。

如今，假设经济某一方面出现了严重问题，人们往往会认为应该给予支持和救助。从社会和国家政治治理角度来看，这种观点确实有其合理性，然而这只是特例，不应该成为普遍的观念。原则上，如果你筹集了天下的资金，聚集了天下的人才来经营业务，那么就应该取得成果。这样做才能对社会、对国家尽责。

然而在今天，筹集天下的资金，聚集天下的人来开展事业，如果遭遇失败，人们经常会想到寻求救助。这会使人在不知不觉中逐渐丧失责任感，进而严重影响整体经济活动。今天，这种趋势是否仍旧存在，需要诸位明智判断。然而不管怎样，我认为认清企业的社会性十分必要。

因此，我的观点就是，自己绝不能那样做，松下电器的经营也绝不能走到那种地步。这是我一直以来秉持的经营观。

第五章　经营不可强求

轻率的日本多元化经营

最近，日本的各家企业都在热烈地谈论多元化经营。有人说，施行多元化经营的企业轻易不会倒闭，购买施行多元化经营的企业的股票更安全，施行多元化经营的企业，其股票市值会更高，等等。

从某种角度来看，这些说法不无道理。然而，仅从这个角度看待多元化经营是不够的。假设有一家公司，专门从事印刷业务。这家公司在印刷行业是一流的，大家都认可，公司自己也这么认为。然而有一天，突然有人过来说"你帮我做一下这个吧"，然后把一些与印刷毫不相关的工作丢了过来。这家公司认为做这项业务能赚不少钱，于是决定接下来。就这样，这家公司错误地涉足了一个与印刷无关的新业务领域。这种情况就属于所谓的多元化经营。

实际上，这种情况是行不通的。如果这家印刷公司全力以赴地投入印刷业务中，即使有人提出其他有前途的业务，它也不会轻易想尝试。为什么呢？因为即使这家公司有足够的资金，但有一样东西是不足的，那就是人。它已经将所有的员工都投入印刷业务了，实在腾不出多余的人手。既然没有多余的人手，那么即使存在有前途的业务也无法开展。因此，当出现这类情况时，我认为正确的工作态度就是拒绝。

然而通常来讲，日本的公司普遍还是会接受。人们往往认为这是一个有趣的机会，然后涉足新的领域。这与人力资源充足有关。如果一个公司拥有富余的人力资源，也就是说，公司常常有多余的员工，那么就较为容易开展多元化经营。

因此，如果所有人都在专注于自己的本职工作，全力深入和扩大这个领域，就不会轻易接受其他业务机会。而选择接受，则说明公司拥有富余员工。日本的公司往往都是在人员富余的情况下开展经营的，于是便出现了这种根基浅而业务广的多元化经营。证券公司看到这种多元化经营后会说"那家公司实行多元化经营，所以没问题。买它的股票是个好选择"，而门外汉也会想"对啊，就算它的印刷业务失败了，其他领域还有机会。这么一看真是不错"，于是便买了它的股票。这种情况就表明，实际上日本的各家公司并没有真正在以认真的态度开展经营活动。

我们如今就是在以这种姿态朝着贸易自由化的方向迈进，我由此产生了深深的危机感。我不太了解欧美公司的实际情况，但我认为他们至少不会像日本那样轻率地实行多元化经营，而是专注于自己的核心业务。例如，印刷公司只针对印刷业务开展深入研究，不断发明创新，进而制造出更优秀的产品。如果某些发明与他们的核心业务关系不大，或者不符合他们公司的经营方向，他们就会让更适合的公司来接手。虽然发明本身是好的，但是却与自己公司的业务方向不相符，在这种情况下，他们会选择将其卖给更需要的公司，自己则专注于自己的核心业务。这种想法在外国很普遍。

在国外也有许多公司开展多元化经营，但是我认为，世界上任何一个地方都不会像日本这样轻率、盲目地开展多元化经营。我认为这正是日本经营的一大弱点。

正在迈向贸易自由化的日本如果无法摆脱这一弱点，或许将很难经受得住真正意义上的竞争。

企业人员冗余

接着我们来思考刚才这个问题的延伸。我刚才提到，轻易开展多元化经营的原因之一是存在冗余的劳动力，即人力资源充足。但是，为什么会存在这么多冗余的劳动力呢？

首先，我认为这与当今社会状况有关。如今的日本在一定程度上必须保留一定数量的后备人员。与此相反，在美国和其他国家则更容易发生裁员事件，这也导致了大量失业人员的出现。

其次，公司本身愿意主动保留冗余人员。随着公司不断扩张，每年都会预留出一二百人的后备力量，以备不时之需。因此，公司本身也倾向于主动保留冗余人员。

我认为在这一点上，美国与日本存在很大差异。在美国，公司想要雇人的时候随时都可以雇到。但即便是在美国，杰出人才也是非常稀少的，所以如果遇到这样的人才，他们也会提前雇用。然而，美国的这种情况远不及日本。在日本，不管是什么类型的公司，都会保留很多后备人员。

在古代，大名们都会在自己门下招募许多人才，以确保这些人在紧急情况下能够为他们出力。为此，大名需要养活他们一辈子。这种做法在封建时代很常见，我认为这种封建时代的传统沿用到了我们现在的企业经营当中。公司非常担心在急需用人的时候无人可用，所以便提早多做储备。这对于公司来说非常有利，但对于社会来说就不一定了。

今天，如果在日本想要开展某项业务，那么无论如何也要将这项业务交给现有的大型企业。假设有个人想开展某项业务，有幸筹集到资金，但却没有足够的人手，在这种情况下，他就不得不把这项业务交给现有的大型企业去做，因为这些大型企业储备了大量的后备人员。除此以外别无他法，这就是日本的现状。

在这种状态下，是否能够不断地催生出新事物呢？在我看来是不行的。虽然不能说欧美国家完全没有这种事情,但是我认为其程度肯定不如日本这样严重。

以这种状态持续十年、二十年之后,就会产生很大的差异。因此,我认为有必要在一定程度上纠正这种观念和做法。也就是说,我们需要更多的企业在不保留冗余劳动力的情况下开展工作,同时致力于自身专业领域的深入发展。我认为日本企业目前需要考虑的问题是,应该将一项业务做深做精,还是应该以这项业务为中心扩展开来,实施多元化经营。

我认为目前日本企业的趋势就是所谓的浅而广的经营方式。只要主动保留冗余劳动力,那么一旦遇到有利可图的领域便随时可以进入。这种做法是不利于我国未来长远发展的,然而不幸的是,现在很多人都在这样做。相比于专门化,多元化和综合化反而更受到推崇。由此,我不禁对日本未来的发展感到担忧。

通过减税克服赤字的美国

除此以外,我还想询问一下诸位对于税收的看法。前不久,报纸上刊登了美国总统肯尼迪要求国会大幅减税的报道。虽然不知道这一要求能够在多大程度上获得批准,但我认为,虽然多少可能会对此添加一些修正,但美国未来必将进行大规模的所得税减免。

美国现如今的国家支出和财政状况如何呢?众所周知,目前美国的赤字相当严重。尽管整体收入不少,但仍然入不敷出。国防开支约为500亿美元,每年国家开支接近1000亿美元。虽然可以通过所得税和其他收入来贴补财政收入,但下一年就很有可能出现赤字,无法实现财政平衡。而且,在这种情况下,还要实行所得税大幅度削减政策,使得赤字问题雪上加霜,这似乎有些冒险。然而,肯尼迪却认为通过这样的方式可以促进美国经济的发展。

为什么可以实现经济发展呢？因为目前美国的经济基本处于稳定状态，增长幅度相对较小，然而失业率却达到了6%。通常来说，失业率应该维持在4%以内，但现在已经高出了2%。在这种情况下，美国经济正在逐步回暖，但国家财政还处于赤字状态。因此，肯尼迪必须思考如何推动经济进一步增长，同时实现预算盈余。这也是美国国民需要思考的问题。面对如此艰巨的任务，肯尼迪想到的唯一可行方法就是进行大幅减税。

通过大幅减税，国家征收的税款大大减少。这部分资金留在人们手中，那么人们便会利用它购买商品，从而拉动消费。消费的增加必将带动企业发展，这样一来，失业率可能会降至标准的4%左右。而消除2%的失业率又会使产量增加，至于增产所需的消费则可以通过减税来实现。尽管这可能是一项艰巨的任务，但在我看来是有可能实现的。

构建无冗员的经营体制

假设日本也采取这种"减税"政策，结果会怎样呢？恐怕是行不通的吧。日本目前并没有那么严重的赤字问题。总体来说，国家收支始终保持着盈余。实际上，我们现在即使进行少量的减税也不会陷入赤字。然而，一旦进行减税会发生什么呢？答案是通货膨胀。因为目前日本几乎没有失业者，在这种情况下，即便是小幅度的减税也会立即导致通货膨胀。

以我们目前的状态来看，即使不减少税收也会逐渐引发通货膨胀，这是因为日本企业习惯保留冗余人员。通过储备过剩劳动力，我们减少了失业人数，使得人人都有工作。正因为大家都在工作，社会上没有失业者，一旦消费稍微增长，就会马上引起通货膨胀。因此，在日本不能进行大幅度减税。

在美国，企业并不会保留冗余员工，这就导致失业问题较为严重。因此，通过大幅度减税刺激消费，促进商品制造，可以为部分失业者提供岗位，并不会引发通货膨胀。这是如今日本和美国之间的差异。

从社会政策上来看，没有失业者是一件非常重要的事情。最理想的状态就是，所有企业都能保持良性运作，没有冗余人员，也不存在失业者。然而，日本却是有意识地消除失业问题，因此很容易陷入通货膨胀的局面。因此，在日本减少税收存在很大风险。

美国可以通过大幅减税促进国家繁荣发展。尽管如今日本也非常繁荣，但却与美国的繁荣并不相同。美国的消费非常旺盛，人均消费量大约是日本的 5 倍。同一个人工作，然后进行 5 倍的消费，也就等同于这个人完成了 5 倍的工作。在美国，各类企业都在健康发展。企业内部不存在冗余劳动力，处处充满活力。就算偶尔出现冗余劳动力，也会变成失业者。但如今美国的失业率已经超过了 4%，比正常标准高出了 2%。这绝对不是什么好现象。

为了减少失业人数，实现国家财政平衡，美国需要大幅度减税，而减税的结果我们也看到了。因此我认为美国的企业会在健康的状态下实现持续增长。

反观日本，状况则完全相反。如果这种状况持续两三年将会怎样呢？我认为这将很成问题。如果我们能够从现在开始努力改善这些状况的话，或许还有机会。然而，如果大家不赞成我提出的观点，认为事情远没有这样严重，转而继续我行我素的话，绝对会使我国在贸易自由化中吃尽苦头。

企业怎样做才能实现既没有冗员，又没有失业者的理想状态？对此，我们必须认真加以研究。唯有解决了这些，自由贸易才能在日本生根发芽。倘若不这样做，而是任由这些问题在企业中逐步恶化，那么在过渡到自由贸易后，必然会产生相当大的问题。

税负颇高,所为甚少

说到这里我还想到一个相关问题,那就是只对企业加以改善就够了吗?所幸企业已经开始尝试以零冗余的方式运作,但我认为日本在国家支出方面仍存在许多资金浪费的现象。

想必大家都知道1935年时日本处于一种怎样的状况。当时,我们把重点放在军备上,这方面的支出至少占了国家支出的35%。

当时,日本承担了巨额的军费支出。如果你问当时的税率高不高,我可以明确告诉你,当时的税率与今天相比可以说是非常低廉的。并且,当时的纳税人数只有现在的三分之一。税率极低,纳税人又少,但是当初的日本就是在这种情况下修建了在当时来看相当不错的道路。

如今我们已经不需要这些支出了。自卫队预算仅占不到10%,并且我们的税率翻了一番,纳税人增加了三倍。但是却没有修出像样的道路。我们的钱到底花在哪里了呢？我认为大抵是充作了行政费用或者国家治理费，导致了大量的资金浪费。可能对此有人会说："不是的，现在的社会保障制度比当时完善多了。"可事实上，即使算上社会保障制度，我们仍旧比不上1935年时的军备水平。所以我认为税率是一点也不必再提高了，因为根本问题在于国家支出过大。

那么在这种国家存在资金浪费的情况下，商品价格能够降低吗？答案当然是不能。因此，即使我们实现了企业的健康发展也仍然是不够的。除此以外，我们还需要努力削减国家支出，至少要削减到1935年时的程度。如此，我认为日本的发展前途将无可限量。

然而，以日本当前的状态是无法实现上述愿景的。议会空置五天却没有采取任何行动，这种状态下自然会导致财政消耗。

而且，没有任何一个人对此表示愤慨。好像在大家看来，因为议会迟迟不能得出结论，所以不得不将议会空置五天,这似乎并不是什么大不了的事。这究竟是重大问题,还是不足挂齿的小事,或许看法因人而异。但是大家就一些无关痛痒的问题七嘴八舌地争论不休,这何尝不是国家财政的浪费,而这种浪费却在持续上演。如今,我们的税负加重,而政府做的事情却少了。这也会对我们的产品成本产生影响。

做好贸易自由化的心理准备

日本将从 1963 年 4 月开始逐步开展贸易自由化，计划明年（1964 年）10 月之前基本完成。但如此看来，能否顺利推进是一个相当大的问题。

然而，不管是否能够顺利推进，我们都不得不去面对。从这个角度来看，我们必须通过国内整顿形成一种力量来与之抗衡。为此，我们要实现企业零冗员，让企业焕发生机和活力。从国家层面来看，就是要不断精简政治架构以避免资金浪费。

然而，这一过程是否能够顺利进行并得以有力实施呢？在我看来并不能。如果日本真的以当前这种状态迈向贸易自由化的话，是非常危险的。我们感觉到危险，察觉到困难，知道基本上没有可能，却不得不去做。如果我们能够带着这样的心理准备迈入贸易自由化新阶段，或许还能够坦然面对一些失利。但是，如果我们在国家层面和经济层面都没有做好这种心理准备，而是抱着一种得过且过的心态轻率处事的话，很有可能会付出沉重的代价。

民主主义的特点是极具经济性

我们经常讨论一个问题，那就是民主主义究竟是否需要花费金钱和时间。

现在在日本，很多人认为民主主义非常好，我们必须依赖民主主义。但是民主主义有一个缺点，就是需要花费金钱和时间。因为决议时必须开会讨论，所以花费时间。但是从民主主义的原则上来看，这也是不可避免的。我认为问题就在这里。如果民主主义真如日本人所认为的那样，是费钱、费时间的，那么美国就不可能实现今日的繁荣。民主主义并不费钱，也不费时间，这就是民主主义的本质。因此，我们应该将其视为发展和繁荣的基础。

美国人完全不会像日本人这样看待民主主义。在美国，无论是在政治形式上还是在国民生活中，民主主义无处不在，并且民主主义还有一个重要特点，那就是极具经济性。为什么说不需要花费金钱和时间呢？因为民主主义允许每个人发挥自己的特长，使每个人都能在适当的位置上发光发热。然而，在日本，大家普遍遵循年功序列制，很少考虑适才适用的问题。因此，在日本，民主主义反而会导致争议，花费大量的金钱和时间。而且，在日本人的认知里，这就是民主主义。这就是两国的本质区别。

美国的繁荣是通过民主主义实现的。民主主义更有利于实现适才适用，所以颇具经济性。所以，美国普遍认为民主主义并不费钱、费时间。在日本，人们却说"民主主义确实好，但就是费钱、费时间。不过除此以外也别无他法"。我认为这种想法才是毒瘤。民主主义无疑是好的。民主主义是繁荣的基石，而且省时省钱。如果我们能够认识到这些，那么日本便能够在国家层面上实现适才适用，议会也将会大幅提升表决效率，而不再拘泥于争论琐事。

长篇大论地谈了许多，但是时间实在有限，所以我今天的演讲就到此结束。如果诸位有任何疑问，我非常乐意解答。演讲就先到这里，谢谢大家。

问答环节

1. 传达经营信念的方式

提问者：您认为应该如何将社长的经营信念传达给下属呢？

松下：其实我觉得这个问题非常难。根据我的经验，可以说并没有什么特定的方法，我做得最多的就是随时随地分享我的想法、观点。除此之外也没有采取什么特别的方式。

我认为，有具体事时就表达自己的观点，没有事就适时分享自己的想法。这样一来，我的经营信念也就自然而然地传播开来了。目前为止，我所做的只有这些。至于将来怎么做，我还没有想好，至少目前采取的就是这种方法。

2. 外汇自由化对日本有益

提问者：有报道称，贸易自由化之后随之而来的就是外汇自由化。您认为这会对日本经济产生怎样的影响？在推进自由化的进程中，作为企业经营者，需要考虑哪些问题？

松下：贸易自由化之后，接下来的问题就是外汇自由化。虽然可能会在时间上稍有差异，但是政府的基本方针仍然是要实施的，这也是我们企业经营者迟早都要面对的问题。可能是等我们做好准备再实行，也可能是早早实行，但总归是要实行的。

因此我认为，我们应该做一定程度的准备。就算不能完全做好准备，也要做好充足的心理准备。我先前提到过，30年前的黄金出口解禁带来了意料之外的结果。但是，我认为这次情况不太一样，因为现在世人眼中的日本已经与往日大不相同了。不是我自吹自擂，先不论具体如何不同，总之，今天的国际社会对于日本复兴的信心的确很高，对日本的评价也在不断提升。

因此，推进外汇自由化预期会对日本招商引资等方面产生积极的影响，而非使日本陷入困境。我认为至少在短期内会产生这样的效果。但如果在这个过程中,日本经济的弱点逐渐暴露出来,那么结果就不好说了。但就目前而言,日本受到的评价很高。因此,只要我们抓住时机,谨慎应对,就不会出现大的波动,至少不会再发生滨口内阁时期黄金解禁时那种事与愿违的情况。

3. 实现真正的民主主义

提问者：刚才您谈到的关于民主主义不费钱的论述让我深受感动。适才适用和年功序列等问题都是企业中的重大问题,能否请您更具体地谈一下这些问题呢?

松下：我刚才说民主主义在政治上不费钱,也不费时间。其实我认为,于我们的经营活动而言,民主主义同样如此。

然而,实际上公司经营搞的都是名义上的民主主义。尽管大家都在口头上高呼民主主义,但实际做的事情却并不符合民主主义,还是会受到封建主义思维的影响。或许有人认为劳动工会提出各种要求就是民主主义,但实际上劳动工会的运营本身就不符合民主主义。在人事行政方面，年功序列制仍然占主导地位。或许有些公司已经不再实行年功序列制，而是奉行实力至上主义。但总体而言，这种情况相对还是少数，尤其是公司越大越遵从年功序列制。这样无法实现适才适用。虽然脑子里想的是民主主义，但实际却在封建模式和非经济的模式下运作，导致公司的经营需要花费大量的金钱和时间。在我看来，当下无论是国家还是企业，都存在这样的问题。

想要改变这种现状十分困难，但即便困难也必须做。我们必须从外到内彻底实行民主主义。虽然这需要相当长的时间，但我相信总有一天会实现。

但是，如果我们始终将民主主义费钱、费时间作为前提，那么即便花上一百年，也无法实现这一目标。我们长久以来形成的习惯和传统导致我们目前尚未真正发掘民主主义的潜力。然而，实际上，民主主义本质上是不需要花费很多金钱和时间的。只要我们下定决心，那么无论是在政治上还是在经济活动中，民主主义终将逐渐扎根。

正因如此，想要实现民主主义并不是一朝一夕就能成功的。所以在一段时间内，我们可能仍然需要花费金钱和时间。然而，这实际上是错误的，这并不是真正的民主主义。我们必须具备这样的认识。这样的话，现状才会逐渐发生改变。

4. 劳动工会的存在方式

提问者：您认为劳动工会应当以何种方式存在？

松下：我们公司的劳动工会与社会上一般的劳动工会并没有太大差别。公司内部都存在劳动工会，相对而言，劳动工会往往更加偏向左翼。所以我不妨认为它只是在做所有劳动工会都会做的事。

虽然如此，但我觉得这并不是非常理想的状态。事实上，日本整体的情况都是这样。如果期望达到一种更为理想的状态，则可能铸成大错。因此我认为，在日本整体的范围内，看待劳动工会的问题时只要顺其自然就好。

尽管如此，公司的经营方针和理念仍然应该被视为一种持续的方向和理念，而不应该受到劳动工会的左右。

我们必须请劳动工会全体成员明确一点,那就是必须基于公司的方针和理念来思考问题。在这方面,我认为现阶段对于劳动工会的存在方式,我们只能暂时忍耐而无法做出太多改变。如今的松下电器正在以这种状态稳定前行。

5. 对长野县一见倾心

提问者:我想从主持人的角度最后向您提一个问题。您是第一次来到长野县,那么您在乘坐"白鸟"号越过碓冰峠,来到信州之后的印象如何呢?

松下:这是我第一次来到长野县。刚进入长野县境内,我就感受到这里是一个绝不逊色于大阪的大都市。从车站出来,拐个弯就是宽阔的大道,这就是大都市的感觉。所以,我认为今天的长野在文化层面的发展进程几乎已经与大阪和东京无异了。

另外,虽然我还几乎没有近距离体会过长野县的风土人情,但是我知道这里曾是真田家的领地。大家对真田幸村这个人应该都有所了解,据说他是一位非常杰出的人物。虽然我不清楚这里是否继承了他的血统，但似乎这里的确流传着他的精神。因此，我觉得这里的县民都非常可靠。在我看来，长野真是一个非常好的地方。

提问者： 非常感谢您。

SBC 长野广告会 长野县经营者协会纪念讲演会
1963 年 3 月 27 日
于长野市市民会馆

第六章

我的经营哲学

・对于经营者来说最重要的就是学会自我评估。如果在自我价值判断上出现失误，就必然会在经营活动中失利。

・经营理念应该建立在正确的人生观、社会观、国家观、世界观，以及自然法则的基础之上。这才是经营理念真正的出发点。

・为消除国家之间因过度竞争而引发的战争，世界人民都在付出不懈努力。同样，企业之间的过度竞争也需要经营者们凭借睿智的决断来消除。

第六章　我的经营哲学

大家好。今天有幸在会上发言，我感到无比荣幸。因为我不懂英语，所以我会用日语发言并请译员代为翻译。这样一来，时间将会比较紧张，但是，我会在有限的时间内，尽可能多讲一些东西，请诸位多多关照。

接下来，我将谈到一些关于经营理念的话题。在经营方面，相信诸位也一直都在潜心研究，并付出了很多努力。

科学发展与经营的存在方式

正如我昨天在成立大会典礼上所说的一样，现如今，经营问题已经成了一个反复被人们提及的重要问题。

如今的科学技术十分发达，但与此同时，日新月异的科技发展也带来了一个问题，即经营能否跟上科学发展的步伐。我认为这一问题应该受到重视。现如今，各领域的科学都在迅速发展，然而经营活动却相对疲软，其结果会怎样呢？我认为，这或许会给人类带来某种不幸。

在我看来，经营至少要做到与科学同步发展，并必须开展深入研究。或者说，我们也需要站在如何充分利用、推动和指导发展进程的科学的立场上思考经营问题。

昨天，洛克菲勒先生[1]也说过类似的话，对此我颇有同感。

---

[1] 当时的美国大通曼哈顿银行行长。

国家治理与杂货店经营

经营有许多种类,让我们举个简单的例子。就拿美国药妆杂货店来说,即便是经营一间很小的杂货店,也是一种经营活动。同时,美国国家层面的运营,像肯尼迪先生所从事的国家运营同样也是一种经营活动。

那么国家治理与杂货店经营的区别在于何处呢?国家治理考虑的是国家的发展、繁荣,以及国民的幸福,而药妆店经营则旨在为客户提供多种多样的周到服务。这些都是非常简单的事实,大家想必也都赞成吧。

如何促进国家繁荣,带给国民幸福这种国家运营,以及如何为客户提供适当的服务这种杂货店经营,其实都是非常复杂的问题。不论是国家的治理还是杂货店的经营,关键都在于经营者。因此,我们一定要选择一位合适的经营者。

适当的经营者领导国家，国家必将繁荣，国民也会幸福。反之亦然。小型商店的经营也是如此。

如此一来，就产生了各种不同的观点。我们从不同角度来思考经营，以及经营者这一角色，但其中最重要的问题是经营者的自我评价。

想必在座的各位都在从事经营指导工作。无论是公司的社长，还是部长、课长，诸位都在各自的领域扮演着经营者的角色。最为关键的是，我们作为社长、部长或课长，是否做出了适当的价值判断。

这个自我价值判断是一个非常复杂的问题。如果判断失误，将会影响公司部门的经营。

我想通过一个浅显的例子来说明这一问题。

经营理念的出发点

在我看来,身为经营者,在思考经营时不能只考虑利害关系或者商业扩张等方面的问题,因为这些都必须建立在正确人生观的基础之上。此外,我们还要基于社会观、国家观、世界观等要素进行综合考量。

进一步来讲,经营理念应当源于自然之理,或者说必须从自然之理中孕育而出。我认为这才是真正的经营理念的出发点。

从这个意义上看,经营理念虽然在一刻不停地发生着某些变化,但其根本却是永恒不变的。

对于事业,对于经营,大家每时每刻都在产生新的想法和思路。我希望大家的这些想法和思路是以正确的理念为基石的,是带有正义感的。正确的理念源于自然之理,是我们的行为准则。

在经营方面,诸位都是各领域的佼佼者。关于经营技巧，相信大家各有所长。两个人的经营方式不必完全相同，这些技巧可以因人而异，但基本理念在一个国家，甚至在更为广阔的世界范围内，都应是永恒不变的。

我刚才讲了一些自己对于经营的基本理念的理解和看法，接下来会稍微转换话题，就当前我们所从事的商业活动和公司经营谈谈自己的看法。

国家间过度竞争引发战争

企业经营中存在诸多问题，其中之一就是，现在很多企业在进行非常激烈的过度竞争，且当下大家似乎都被这种形势所裹挟。

我在美国期间就有这种感觉，而如今在日本也同样产生了这种感觉。我觉得可以说整个世界现在都被卷入了这种过度竞争的状态。

问题在于，这种过度竞争究竟是好是坏？

诚然，竞争的本意是为了刺激人们创造新事物，不断发展进步。然而，过度竞争，特别是极为激烈的过度竞争则很可能造成破坏。如果国家之间陷入过度竞争，就很有可能爆发战争。

今天，全世界的人都知道战争是不可取的，全世界都在呼吁维护和平，大家在共同努力避免战争的发生。我们的确都在为此努力。然而，如果国家之间发生过度竞争，最终就很有可能演变成战争。

正因如此,我认为企业之间也应将过度竞争视为一种罪恶的行为。尽管如此,现如今企业之间的过度竞争却愈演愈烈。对于我们经营者来说,如何消除过度竞争,是我们必须思考的重要问题。

以睿智决断化解矛盾

前段时间,我去了两三个国家,与那些地位显赫、颇具威望的企业家们进行了交流。我向对方询问道:"我们的国家都存在过度竞争的问题。在我看来,这种过度竞争是非常不可取的。对此您怎么看呢?"对方回答道:"确实如此。正如你所说的,我们的国家都面临着这样的问题,但是我们对此束手无策。为什么这么说呢?因为无论我们赚了多少钱,都会想赚取更多,这是人类的本性。所以过度竞争是不可避免的。"

这种话或许有一定的道理,然而,我却对此持反对态度。因为,如今全球各国都在努力消除由国家之间的过度竞争所引发的战争。同样,我们也要凭借自身的睿智决断去化解企业、行业,甚至国家之间在经济上的过度竞争。

如果要努力实现这一目标,需要具备相应的知识、才智，或者说是精神文化。换句话说，我们必须明确自己的经营理念。我相信凭借更优秀有力的经营理念，经营者们可以思考出预防过度竞争的良策。

当代经营者的决心

这个话题或许过于严肃了。接下来我想为大家举一个浅显的例子。

众所周知,为了赢得竞争或者拓宽销路,现在仍有一部分公司在以极低的价格,以接近甚至低于成本的价格出售商品。实际上这就是过度竞争的一种体现。

之所以能够做到这一点,是因为他们可以从其他地方获取利润。一些公司将在别处获取的利润用来填补廉价销售造成的亏损,或者一些拥有大量资本的公司可以借用资本的力量维持廉价销售。

我认为,这种做法在今天是绝对无法被接受的,这是资本的暴行。企业将资本以这种方式用于个人方面,为私人公司牟利,都是过度竞争的表现。我们必须认识到这是一种罪恶的行为。

我相信大家都有自己的想法。对于我刚才提出的看法，可能也会有人持反对意见。但这就是我的真实想法。

如今，世界必须在真正意义上彻底消除战争，维护和平。而我们也必须在事业上推动全球分工，促进共同繁荣。我认为，我们如今的经营活动、经营的基本理念就源于此。

关于这个话题，我想说的还远不止于此，但由于时间有限，我今天的发言就到这里。接下来欢迎大家向我提问，谢谢！

问答环节

1. 如何消除过度竞争

提问者： 我想与松下先生打个赌。如果松下先生能够做到刚才您所说的消除过度竞争，我就到日本去脱下鞋子给您鞠躬。

松下： 刚才这位先生说如果真的消除了过度竞争，他会来到日本向我当面鞠躬。我觉得这非常有趣。我想，他实际上认为过度竞争不会消失才说出了这番话吧。

其实过度竞争是完全可以消除的。我认为只要大家都认识到过度竞争是错误的，是不可取的，每个人都下定决心杜绝过度竞争的话，过度竞争就能够消失。

就像前面曾提到的，"无论我们赚了多少钱，都会想赚取更多，这是人类的本性。所以过度竞争是不可避免的"。如果我们一直抱着这种想法，那么过度竞争将永远无法消除。

不好意思,我并不想争论什么……非常抱歉。

2. 平等开展国际贸易

提问者: 关于国际合作,或者可以称为对外贸易这方面,您认为企业家应当考虑些什么?

松下: 我认为国际买卖,或者说国际贸易会在未来变得更加繁荣。这是一件非常好的事情,但是除此之外,还要关注哪些大事,必须做好哪些考虑呢?那就是,无论身处何地,都要以平等的方式开展贸易活动。包括法律在内的所有事物都必须建立在平等的基础之上。

这也涉及人类观。当一个国家看待另一个国家时,首先必须具备种族平等的观念。此外,国家之间的法律不应当存在对对方不利的条款。

这些都需要我们格外注意。同时,我们还要心存荣辱与共的关怀之心,在此基础之上,努力维护彼此的利益。这一点尤为重要。

3. 过度竞争的界限是什么

提问者：我对于竞争这一问题非常感兴趣。这种过度竞争或许可能在日本彻底消失，或者正在逐渐消失。但是您所提到的过度竞争，在英语中还可以用"相互砍断对方的脖子"这样的词语来表达。我想这里指的就是这个意思。

当然，就过度竞争这一问题本身而言，我与松下先生持有相同的观点，并没有反对意见。然而，竞争本身还是很重要的，我们还是需要竞争的。松下先生刚才在谈话中提及以廉价销售进行竞争，在我看来，经营者为了良好经营而进行的这种不会引发争端的竞争应该是多多益善的。所以，竞争本身存在好的竞争和不好的竞争。

松下：您所说的我完全理解。所以，我所说的过度竞争与您所赞同的普通竞争之间的界限是什么呢？究竟何种程度才算过度竞争？何种程度才是正常、合理的竞争？想要判定是很困难的。正是这种困难才彰显出经营者的睿智决断和重大责任。

通过这次大会，我们知道了应当将这条线划定在何处。我想这就是大会的意义所在吧。

> 第十三次 CIOS 国际经营会议
> 1963 年 9 月 17 日
> 于希尔顿饭店（纽约）

第七章

进军海外市场

・成功开拓海外业务的三要素分别是：旺盛的开拓精神、适合对象国的产品和销售方法，以及独具特色的优质产品。

・在进入发展中国家市场时，应具有支援该国的使命感，而不是只为谋求眼前利益。因此，在行动之前应慎重考虑自己的公司是否具备这种能力。

・日本过去总体上是采用人海战术谋求发展的，而如今却面临着人手不足的问题。政府和经济界都应认真着手解决这一问题。

第七章　进军海外市场

今天，我想先围绕"进军海外市场"一题进行演讲，随后再与大家一同讨论。

关于今天的这个主题，我并不是专家。相反，我认为在座的各位中，可能有许多人在开拓海外市场方面拥有丰富的经验和见解，所以我今天更多的还是向大家学习和请教。既然今天来到了这里，那我就简单分享一些自己的粗浅之见。虽然我讲的可能缺乏条理，但还是希望通过这些零散的想法与诸位交流一下。

开拓海外市场是日本最重要的课题

开拓海外市场是日本当前至高无上的要务，也是一个极为重要的课题。增加出口已经成了我们的常识。从目前的政治形势和国内的经济状况来看，为了日本的生存发展，海外出口是必行之策。实际上，虽然现阶段通过个别努力，日本正在稳步实现出口增长，但进口的增长势头却一度超过了出口，导致外汇储备和国际收支方面亮起了红灯。

从这个角度来看，开拓海外市场在各种意义上来说都是非常重要的课题。开拓海外市场有两种形式。一种是在当地开展工作，另一种是在国内制造之后出口到海外。无论哪种形式，都将对贸易收支产生贡献。从这个角度来看，通过合理的方式巧妙地进军海外市场非常重要。这方面是我们需要好好思考研究的。如今，政府对此也非

第七章 进军海外市场

常重视。不仅我们个人需要充分把握当前状况,商业界也应采取相应行动。这才是如今的日本经济界应有的姿态。

钱屋五兵卫的开拓精神

那么，如何促进出口，或者说如何开拓海外市场呢？我认为针对这一问题，大家都有自己的想法。但我想在这里与大家分享一个很久之前的故事。在德川时代，有一个叫钱屋五兵卫的人，他违反国家禁令从事出口活动，从中获取了巨额财富。

仔细想来，如果这种事放在现代，他可能会受到政府的高度赞扬，被视为有功之人。然而，当时的时代背景与现在完全不同。在当时，海外出口是被明令禁止的。他是在违反了法律的情况下获得成功的。所以我认为，现在是一个非常好的时代。与钱屋五兵卫的时代相比，现在的政府和各种其他机构都在鼓励和支持出口。想到钱屋五兵卫的事迹，我不禁觉得我们应该更加努力。

然而实际上，问题并不是那么简单。像那种极少数有胆识的人，拼上自己的性命开拓事业，自然

第七章　进军海外市场

理应收获成功。尽管现在有各种资助机构的帮扶，但实际上我们却总是在相互竞争。事实上，现如今贸易对象国与我们之间，包括国内同行之间都存在过度竞争的现象。这与钱屋五兵卫所处时代的情况完全不同。正因为如此，从某些方面来说现在想要成功更加不易。

但是无论怎样，如果以钱屋五兵卫的精神和意志来看待今天的贸易和海外出口问题的话，就会发现如今的条件还是十分有利的，所以存在实现的可能性。"我们如今的环境可以说是非常轻松了。德川时代有个叫钱屋五兵卫的人，他在违反国家禁令的情况下做成了那么多事情。想到这些，我觉得我们如今的大环境实在是太好了。"我常常这样鼓励年轻人。我认为今天寻求海外出口的人，如果可以从这个角度进行思考也是很有趣的。

在当时那样的时代，先不论是否违反国家禁令，单就实际贸易行为来说，就必须需要大船，也就是所谓的"千石船"。乘坐这种船出海非常危险，一旦离开港口，不知道什么时候能回来，但他们还是选择冒着风险去做。今天，情况已经大不相同。就拿美国为例，如果只身前往或者只是邮寄样品的话，十几个小时就可以到达美国，而且非常安全。此外，与此相关的各种便利设施和机构都已完善，并时刻处于待机状态。这就是我们所处的现状。因此，如果有意愿，随时都可以进军海外市场。

人才培养最为棘手

今年日本出口额成功达到52亿美元,而且越来越多的企业也倾向于在海外直接建造工厂。我认为这是非常可喜的事情。然而,在这样有利的条件下,海外扩张依然相当困难,要实施起来仍非易事。当然,不同的公司经营的业务不同,不同的行业行情不尽相同,且不同的国家国情也各不相同,所以不能一概而论。

我们需要具体情况具体分析。就我个人的经验和认知范围而言,要想成事,最重要的是"人"。如果缺乏合适的人才,那么即使工作前景再好,资金再充足,也很难取得成功。所以要想成功开拓海外市场,首先要考虑的就是人才问题。

然而,人才问题是一个相当棘手的问题。虽然我不知道大家公司的情况如何,但就我们公司而言,我认为要想找到合适的人才非常困难。因为我们需要的是能在特定地区真正从事商业活动的人。我现在切实体会到，这样的人才实在是太过稀少了。

因此，如果想要拓展海外业务，必须培养出这样的人才。当然，在人才培养方面，掌握语言等多方面的条件自不必说，但更重要的是具备商业头脑，或者说是必须具备企业家素质和经营资格。这样一来，就如我刚才所说，这样的人才如今越来越少。有时候想着马马虎虎凑合一下算了，但是大多数情况下都行不通。这也是令我们头痛不已的问题。

大家的公司情况如何呢？对于我们公司来说，虽然希望拓展海外业务，但是由于人才短缺，所以不得不暂时将这一计划搁置。这就是人才问题。

适合对象国的产品与销售方法

要开拓海外市场,需要有针对性地研发和生产适合海外市场的产品。这是理所当然的事情,自然不需要我多说。但就我们公司而言,有时候想当然地以为那些在国内市场大卖的产品在美国和欧洲也一样会畅销,但事实却未必如此。由于彼此的习惯、法规都不尽相同,所以想要做到畅销海外并不容易。因此,不能简单地将在日本畅销的产品直接拿到其他地方去销售,这就是现在的情况。

因此,目前我们公司考虑的是在海外进行产品的设计和开发,再将订单发回日本国内生产。如果不这样做的话,经营将会变得很困难。根据在海外设计的图纸进行开发,然后再将产品交由日本的转包工厂进行生产。虽然是同一家公司,但由设立在美国的开发部门作为订单主体,由国内的工厂作为转包工厂。虽然在形式上是同一家公司,但是在公司内部必须采取这样的方式。我认为目前这是最好的方法,但实际上并不容易做到。

　　而且,即使能够做到这一点,还需要考虑如何建立销售网。有些商品要求我们必须凭借自身力量建立起销售网,或者也可以将产品委托给销售机构代为销售。此外,还可以利用代理商制度,在特定区域内委托代理销售。总之,选择哪种方式取决于公司的策略和经营理念。但无论选择哪种方式,都需要做好比在国内市场更加困难的心理准备。

制造独一无二的产品

要开拓海外市场,也需要关注产品本身。

刚才我讲过,第一,是要具备开拓精神,怀有强烈的意愿去开拓海外市场,这是很重要的。第二,要具体考虑如何销售的问题。接下来的第三点是最关键的,那就是要制造独一无二的产品。制造出最优质的产品,然后将其推向市场。

如果有这样的产品,那么可以跨过第一和第二个问题,直接实现销售。无论国家的习惯、法规如何存在差异,如果某种产品在设计上独一无二,品质也无可挑剔,并且价格合理,那么即使这种产品只在日本销售,其他地方的人也会在听说之后带着现金从海外前来购买。国内市场亦是如此。因此,制造出独一无二的优质产品非常重要。即使做不到这一点,也要努力朝着这一目标靠拢。

如果是将半吊子的产品拿去市场销售,那么前两点就显得尤为重要了。然而，如果有幸能够制造出卓越的产品，那么即便在前两点上相对薄弱，也是有可能开拓海外市场的。

像上述那样优秀的产品并不是轻而易举就能生产出来的。但是，即便无法制造出如此优质的产品，哪怕只是相对优秀的产品，如果拥有足够的毅力和努力，就可以在任何领域大放异彩。所以我认为，将重点放在这种稍微卓越的产品制造上面，才是拓展海外业务的最大要点。如果能够在这种稍有过人之处的产品之上，不断改良提升，就再好不过了。

如何做好上述三方面

在进行海外市场开拓时，应该重视上述三方面。如果能够在这三个方面都做好，那么日本产品的海外出口将会非常理想。这一点我不必说相信大家也都知道。但是尽管各家公司都以此为目标，却苦于没有优质产品。而且，极具开拓精神和商业头脑的人才并不易得，缺乏人才成了一大难题。此外，虽然能够准确掌握对方国家的商业习惯、法规等，但如何能够维持合理的价格也是一个极具挑战性的实际问题。此外，就产品而言，谁都知道制造出优质产品非常重要，但想要实现却十分困难。这些都是目前存在的现实问题。

进军海外市场，拓展海外业务，归根结底取决于这三个方面。与此相关的还有资金、宣传方法、公关策略等，但我认为这些都是次要的，还是要以上述三个方面为主。只有这三个方面在一定程度上实现相互协调,才有可能在海外市场开拓中取得成功。

第七章 进军海外市场

以援助为主，不求获利

此外，东南亚等发展中国家的情况如何呢？我认为，在面向发展中国家进行海外市场开拓时，情况可能又会有所不同。

刚才提到的三个问题对于发展中国家来说也同样适用且非常重要。但是就欧美市场而言，如果能够协调好这三个方面，就有可能取得巨大成功，实现利润增长。然而就发展中国家市场而言，即便在某种程度上做好这三方面，能否实现利润增长仍是未知数。或许在遥远的将来，这种效果能够反映出来，但想要在较短时间内取得成果的话，我们可能或多或少需要改变对于东南亚国家和其他发展中国家的看法。

因此，对于发展中国家我们一定要做好一点心理准备，那就是我们可能无法从中获取大量利润。并不是说因为是发展中国家就无视利润，但是我们要认识到，这种行为首先是一种援助行为，是以援助为主的海外市场开拓。我认为我们应该将重点放在这方面。

发展中国家往往受政府的管理和干涉较多，有时外国企业要开展某项业务是不被允许的。而在这种情况下，政府可能会针对一两家公司以附加一些条件为前提允许其开展业务。我认为在某种程度上这是合理的。但是在这种情况下，获得许可的公司就会获得垄断权或半垄断权。面对这种形势，一些日本的公司认为，必须尽早将许可权攥在手中，否则后面就不好办了。于是，为了获得在某一国家开展业务的资格，他们急急忙忙地草率决定进军某国市场。我认为这样的行为多少有些仓促。

考虑到未来发展，即使短期内没有利润，现在投资也不失为一种正确的做法。然而，如果取得这种权利然后为其服务五年或十年后，再追求利润，我并不十分赞同。因为在这种情况下需要考虑自己的公司是否有足够的实力撑过这段时期，而且这个计划是否能够真正实现。我认为，无论如何先将权利拿到手、先抢占地盘的这种趋势在或多或少地影响着我们对于事物的看法、判断以及行为。

如果你已经下定决心动用公司的力量对某个国家进行长达五年或者十年的援助，那么无论是从人道角度来看，还是从支援发展中国家的角度来看，都是正确的事情。因为正确，所以去做。也就是说，真正要牺牲公司的一部分利润开展援助的话，我觉得这也是好的。然而，实际情况并非如此。我们往往做不到这种地步。因为我们往往会受到追逐利润和商业发展等想法的驱使，最终行动与初衷相背离。在这种状态下想要获取利润几乎是不可能的，即便可能，获取的利润也是微乎其微，最终落得个多劳少得的下场。

公司利润逐年增加，可以将其中一部分拿出来支援发展中国家，即便在未来十年内遭受损失也无妨，只要能帮助发展中国家建设成为一个出色的国家就足矣。如果你是从这样更高的层次出发，以使命感为导向，做出海外投资决策的话，我认为这是有意义的，这样的思维方式可以引导我们走向成功。

  然而,有些人并不具备这种思维方式,他们只是认为不能让别人抢占先机,所以才去争夺这份权利。最近越来越多的人,明明自己并没有奉献十年的能力和意愿,只是单纯因为害怕被别人抢先而选择进入发展中国家市场。我十分怀疑这样的做法能够成功。

开展慎重调查的外国企业

之所以这样说,是因为我们有这方面的经验。当我们与外国公司签署企业合并、技术引入等合同时,如果对方公司是一家非常可靠并且富有责任感的优秀企业,他们通常不会轻易签署。即使我方在谈判时以热情打动了对方,对方仍然不会轻易同意。然而如果我方继续积极热情地推进谈判,最终可能会勾起对方的兴趣。这时,对方可能会决定前往日本进一步了解情况,于是便派遣人员前往日本观察走访,并对我方公司开展深入调查。如果调查过后对方认为我方技术引进得当且过往收益可观,经营情况的确非常令人满意,这才会进入具体的谈判阶段。

综合我的个人经验和从熟人那里打听到的信息来看,我认为当初与我们合作的公司都非常谨慎。它们不会因为与我们公司合作之后能顺利进入日本市场就轻率同意。当然,世界很大,公司更是成百上千,做法不尽相同。但是,像它们这样的公司是不会如此轻率行事的。

作为回报,一旦达成合作,必然会取得成果。因为双方都具备出色的实力,一方拥有优质的资源,另一方拥有足够的能力来消化和吸收这些资源。加之双方都拥有多年的经商经验,因此这种合作才能取得成功。

在我看来,日本正在逐步迈入发达国家的行列。我认为无论从技术方面还是从工业生产方面来看,日本的成绩都是有目共睹的。然而,即使对于这样值得信赖的日本,外国依然保持非常谨慎的态度。与此相对,日本经济界正在发生的一些事情让我觉得日本还是太轻率了。而且,日本没有充足的外汇储备,在外汇如此匮乏的情况下轻率地进行投资真的没有问题吗?而在这种情况下公司之间还存在着激烈竞争。发展中国家并不了解真正的困难之处。当当地政府公布某项招商规划,很多日本企业会一下子涌入,甚至还会进行大规模宣传来争取项目合作。我认为日本企业这样的行为会让该国和该国人民感觉我们很轻率。

我认为这对双方来说都是不幸的。然而,从日本国内产业竞争的势头来看,如果双方都如此谨慎的话,合作机会就会被他人夺走,所以这是一个相当复杂的问题。越是面对复杂的问题,越要求我们具有见识,能进行睿智的判断。

进军发展中国家市场要慎重

今后在发展中国家,各种事业都将日渐兴盛。而我认为这些事业的成败关键取决于日本公司是否能够顺利进入这些国家以及进入的方式。

在日本企业进入这些发展中国家的过程中,或者在发展中国家寻求技术合作的过程中,我们由衷地期待日本能分享技术,促进对方国家的发展。然而,我们也必须认识到,开展业务绝非易事,想要取得成果并不容易。同时,在对方国家生产可能会面临三倍的成本。对于这些问题,我们需要进行深入的研究和讨论,以确定这是否会对对方国家有利。如果日本的经济界能够普遍具备这种谨慎的态度,将会为发展中国家带去福祉。

然而实际情况究竟如何呢?这种趋势是否存在呢?我认为,目前日本企业相互竞争、争夺权利的倾向愈发明显。我认为这些问题今后可能需要更加深入的思考。

因此,开拓发达国家市场与开拓发展中国家市场,从根本上讲思考方式就是不同的。一个是直接与国家收益相联系,也就是为了获取利益。一个则恰好相反。起初可能与损失或者相当长期的援助相联系。那么,你能否经受住这种长期援助和长期亏损的压力呢?同时,为了减少亏损,双方都需要付出相当大的努力,要以慎重的态度开展工作。而你是否能够在这方面适当规劝对方呢?无论从哪个方面来看,刚才提到的那些国外优秀企业都在与日本进行企业合并或技术引进时保持了极为谨慎的态度。但反观我们在面对发展中国家时,是否同样持有这种慎重的态度呢?我认为未必。相反,我们更多的是一种急于求成、轻率决策的倾向。

如果日本像美国那样积累了大量资本,为了维持现状并进一步追求繁荣,我们必须援助发展中国家。单单一人致富不足为乐,还必须帮邻居建好房子。否则,自己便如旷野之中的一棵杉树一样,百无聊赖,也不美观。所以日本必须帮助邻国,援助发展中国家。为此，日本会向需要帮助的国家提供大量的援助金。如果是这样的话，那另当别论。

然而，现在的日本并没有那么大的能力。一不小心，连日本自身都可能陷入资本不足的困境。考虑到现在的情况，这样轻率的做法是不可取的。美国或许可以，但是日本不行。拥有雄厚资本的优秀企业在进军海外市场时尚且保持高度谨慎的态度，相比之下，我们的想法有时或许过于不成熟了。我也时常告诫自己"稍不留神就会出现问题"。

第七章　进军海外市场

造船业世界第一

接下来我们稍微转换下话题。正如刚才所说，日本存在许多不成熟的想法，也面临着许多不易解决的困难。尽管难题接踵而至，但从整体上分析的话，我认为日本会在未来发展成为一个出色的制造业强国。正如大家所知，我国正在向世界第一逐渐迈进。目前，我国在许多产业领域已经成了世界第一，其中很有代表性的一个就是造船业。如今，日本已经是世界第一大造船国，造船成本也是全球最低的。我猜造船业的订单也是应接不暇吧。

前不久我去了美国，与某家船务公司的社长见面交谈。对方说"船还是日本的好啊"，于是我便询问他美国在这方面的情况。他回答说："美国已经无法与日本竞争了。我们已经不再考虑造船了，还是用价格低廉的日本船更好。我们公司就是这样。"听到这些，我这个门外汉感到十分惊讶。我竟不知原来日本的造船业已经发展到这个地步了。此外，我还听到这家船务公司的人发自内心地感叹说，订购船只时首选日本。听到这些，我不由得对日本造船业从业人员付出的努力表示由衷的钦佩。

也许在未来，日本的造船业会在这种状态下继续发展进步。随着时间的推移，其市场占有率也会进一步提升。虽然在劳工问题等方面，日本目前存在着诸多问题，但随着这些问题逐步得到解决，劳动生产力必将进一步提高，而这会促使日本造船业的市场占有率进一步提升。或许今后全球50%的船舶都是由日本提供的也未可知。

钢铁生产方面也是如此。第二次世界大战前，日本的钢铁产量无论如何都无法达到600万吨。但在经历了战后萧条后，日本迎来了复兴。这时，钢铁产量已经近3000万吨。根据最近的报纸报道来看，日本的钢铁产量排名已经上升至第三名，仅次于美国和苏联，甚至超过了德国。我无法预测日本的钢铁产业是否会成为世界第一，但至少现在我们已经逐渐接近世界第二了。在未来的十年内，或许日本会上升至世界第二位。目前，造船业以更大的比例优势稳居世界第一。与此相呼应，日本的钢铁产业至少能够上升至世界第二位吧。

此外，我认为今后无论是基础产业，还是像造船业这样的极为庞大的非基础产业，或者是一些非常专业的小型工业，都会出现很多世界第一的情况。例如摩托车就已经达到了这样的水平。这样一来，日本在未来就能够以相对低廉的价格提供优质的产品，促进全球富裕，进而逐渐赢得第一的位子。这样想来，我认为在未来的十年或五年里，日本的发展将非常令人瞩目。

开始缺人了

除此之外,还存在一个问题。我们之所以能够拥有当下的这种情势,主要缘于日本人勤劳努力的精神。但回顾迄今为止的发展过程,总体来说,我觉得这是一种"人海战术"。虽然在个别情况下不太适用,但总体来看,日本拥有的大量人口是促成发展的主要原因。正是得益于此,日本才实现了震惊世界的几何级增长,但这一切的前提是劳动力充足。因为有人,这一切才成为可能。可以说日本是设备一般,人力来凑。

然而,到了今天,我们已经出现了人手不足问题。各行各业都没有富余的人手。即使某些地方确实人手过剩,但企业也不愿意裁减人员,所以实际等于没有富余人手。现如今,日本上下都处于这种人手不足的状态。就是在这种状态下,我们走到了今天。今后的生产增长,已经无法依靠人力实现。

第七章 进军海外市场

就算新建设工厂、增加设备,这些工厂和设备也会因为人手不足而闲置。而设备闲置带来的损失将转嫁到现有产品上,从而导致价格上涨。我认为日本现在已经步入了这样一种阶段。

一方面,我们拥有了许多世界第一的行业,并且这种趋势很有可能会持续下去。但另一方面,我刚才提到的那些现象也是我们不得不去正视的现实问题。因此,为了今后日本的繁荣发展,我们必须思考如何解决人手不足问题。

人是无法制造出来的,把世界其他地方的富余劳动人口大量引入日本也不太现实。即使可能,我们也没有足够的房屋来容纳这些人口。我们连足够的房屋都没有,又何谈从海外引进人力资源呢。我们已经到了不得不去思考如何解决人手不足问题的阶段了。然而,政府和经济界似乎都没有在解决人手问题方面付出多少努力。我认为,我们现在的状态非常危险。

美国减税三成的背景

众所周知,前不久美国的肯尼迪宣布了减税计划。我们在看到如此大幅度的减税计划时,不禁感到非常危险,尤其是在国家预算已经出现赤字的情况下,进一步减税无疑将使得国家预算赤字进一步增加。尽管如此,肯尼迪还是宣布了这个计划,并且这一计划最终通过的可能性很大。三成的减税规模是相当巨大的。这不像是日本这样只是扣除一两万日元或者两千亿日元,而是规模达到数万亿日元的减税。

我觉得很不可思议,但仔细思考后,我认为这是因为减税的国家是美国所以才行得通。为什么这么说呢?因为美国目前有大量超过正常水平的失业人口。当进行大规模减税时,人们会将钱揣入腰包。而当人们将这些被揣进腰包的钱拿出来消费时,物资需求自然就会增加。这样一来,商品就会畅销。如果商品销售旺盛，就需要生产更多的商品。但是生产商品也不会导致物价上涨。为什么呢？因为人力资源充足。如果需要增加设备，也可以增加，因为有足够的人力可以保证设备不会闲置。这是一个非常理想的情况。这与过去日本所采取的做法非常相似。

当前的美国就正处于这样的阶段。通过减税三成来促进经济迅速发展。这是完全行得通的，因为美国有足够的人力。有足够的人力，且人力处于闲置状态，于是便充分利用这些人力，帮助他们就业。这从政治的必要性和经济发展的角度来看，都是势在必行的。而且这样做也不会带来任何不利影响，这就是美国目前的状况。

如果今天的日本也像美国那样大规模地减税，会发生什么呢？因为腰包鼓了，所以大家会开始购买大量商品。很快，物资就会出现短缺。为了满足需求，就要增加产量。而要想增加产量，就需要建设新工厂。但是这样是行不通的。因为日本没有足够的人力资源。一旦这种情况发生，就会不可避免地导致通货膨胀,并且是急速的通货膨胀。目前日本正面临着进退两难的局面,即使想进行减税也无法实施。因此,我深感美国和日本的实际情况的差别还是相当巨大的。

第七章 进军海外市场

认真对待人手不足问题

考虑到这些,我觉得今后无论是政府还是我们个人都必须更加认真地思考如何解决人手不足问题。而要想解决这一问题,不仅需要提高个体的生产力,还需要创造一个能够容纳更多人步入职场的社会环境。这涉及许多具体问题,今天由于时间有限不能详细讨论。但是如果要谈得更深的话,我认为这与教育问题也有关联。

不管怎么说,如今的日本正在人手不足的困境中苦苦挣扎。所有的这一切都已经不能再简单地通过增加人手来解决了。日本人民是非常勤劳的。正如我之前所提到的,再过五年或十年,他们就有可能铸就新的一批世界第一的行业,日本人拥有成就这些事业的性格特质。然而现在我们面临的问题是需要通过"人"才能解决的。这是日本面临的重大问题。这一问题将关乎未来贸易的增长和物价水平,甚至可能导致日本经济的发展迈向一个转折点。

以上是我个人的一些零碎想法,不知道是否契合主题。由于时间有限,我今天的演讲就到此结束。如果诸位有任何高见,都请尽管提出,我们可以相互学习。

非常感谢大家。

问答环节

1. 向发展中国家进行资本技术出口

提问者：迄今为止，我们的产品一直占据着发展中国家的市场。但随着发展中国家的现代化，这些国家开始自行生产产品，这是一种趋势。因此，今后面对这些国家，我们可能不仅要考虑产品的出口，还有可能需要考虑资本和技术的出口。对此，能否请您分享一下自己的看法和经验呢？

松下：其实在我看来，这种趋势在今后将越来越明显。有些产品由发展中国家自己生产的话成本会很高。从经济上来看从国外进口会更加划算。然而他们却往往会选择自己生产。这种情况是好是坏，我也说不清楚，但这种趋势确实越来越明显。最近，许多地方都出现了这种情况。人们开始减少进口，转而由自己生产，因此便开始寻求技术支持。这一变化正发生在各个领域。

然而，如果国家如此决策，我们也不能对此抱怨什么。但是，如果他们开始自行生产过去从我们这里进口的产品，那么作为日本方面，我们可能会面临来自该国的交涉请求。在这种情况下，如果日本选择遵循对方的政策，自然是可以的。然而，我认为有一个非常容易使人妥协的倾向。那就是对对方说："好的，我们同意。但是你们在接下来的两三年内将会蒙受一些损失。比如说，你现在 1 日元可以买到的产品，如果你们打算自己生产的话，成本会增加到 1.5 日元。这是无法避免的。在三年内，你们将不得不承受这些损失。你们是否能够在了解这些损失的情况下继续做下去呢？"对于对方来说，这可能是一个不太讨喜的话题。问题就在于你是否会对对方说这样一番话。

我并非在强调这一点。但实际尝试过后才知道这其实很困难，并不像人们想象的那么简单。日本走到今天这一步，也耗费了百年时间。其间，我们购买了外国的技术，并在这个过程中有意识地进行了各种努力，才有了今天的成果。所以你们的国家也必须付出同样的努力。对此,你们是否已经做好了准备呢?在付出这些努力的过程中,各行各业都必须坚定信念谨慎对待。如果能够做到这些,那也是可以的。但如果不能谨慎对待,反而认为自己身负要务,从而痴迷于追逐权利的话,结果就难说了。

你们公司是一家什么样的公司呢?

提问者: 我们公司在印度开设了一家玻璃工厂。

松下: 从事玻璃制造是很好的。但是如果不让对方知道上面所说的这点,不让对方了解这种情况的话,就会错失原本能够到手的成功,或者即便成功也是微不足道的成功。

提问者: 您过去有过在海外建立工厂的经历吗?

松下: 有的。但是我总觉得想要在发展中国家取得成功是很困难的。虽然这也是因商品种类而异吧,但是我们最近采取的是下面这种做法。

我们会告知对方,那就做吧,我们也会出资,但这确实很困难。如果你们不在自己的国家生产,而是从日本购买的话,会对你们更加有利。虽然不能保证永远有利,但至少在未来五年或十年内,会更为有利。即使如此,你们还是打算尝试自己生产吗?这种说法会让对方在心理上有所准备,让他们意识到在自己的国家进行的事情并不一定总是对自己有利的。但从一个更大的意义上来看,既然他们已经下定决心,那么或许这种决心也会催生出成功吧。如果不说这些,只是说"那你们就做吧。会赚钱的",而他们实际做了才发现并不会更便宜,这样就不好了。

当然,如果是玻璃行业的话可能会有所不同。如果是你们国家的玻璃,可能在你们那边制作会更便宜,但也有可能不是。这取决于物品的种类。考虑到这一点,我觉得我们在进入发展中国家时的想法过于简单了。并不是说发展中国家不好。如果真正想帮助发展中国家实现发展的话,我认为整个日本的态度应该更趋向于严厉告诫的状态。唯有通过这种方式才能推动事情向着更好的方向发展。

2. 努力解决人手不足问题

提问者:您刚才讲到劳动人口减少的问题,对此,您认为有什么好的对策吗?

松下:关于人手不足问题,是吗?从日本的现状来看,确实存在人手不足的问题。我们在考虑问题时也必须以这一问题为前提。现在,就算要考虑扩建工厂,也必须先考虑是否有足够的人手可用。就我所知,各个领域都逐渐出现了人手不足的情况。这也使得设备开始出现闲置。人手不足问题导致生产下降。同时,这些闲置设备的成本也会被计入产品成本当中,从而导致产品价格上涨。

那么为什么会出现人手不足的情况呢?毕竟又没有大量人员出国。虽说这些人没有出国,但是消费部门逐渐扩张,导致了人手不足的问题。例如,在山上建造酒店。酒店中也有许多员工在工作。我并不认为这是坏事。但是,这些原本要去工厂或者某个生产机构,又或者商业机构的大量毕业生现在没有去那些地方工作,而是在酒店工作。如此一来,生产机构就会逐渐出现人手不足的情况。这不仅仅局限于山上的酒店。现如今在全国范围内都存在这种趋势。因此,人手不足问题便逐渐加剧。因此，即使为了不断向海外出口而预计增加生产，也会因为没有足够的人手而不得不搁置一旁。

正因如此，在考虑问题时，政治方面的因素也会起到相当大的影响。然而，当前政府似乎没有好好考虑过如何解决人手不足问题。而我们经济界也对此缺乏全面的思考。虽然我们都在考虑如何将人员引入自己的公司，但整体上人手不足的问题仍然没得到解决。正如我之前所说，现在某些地方的设备闲置问题逐渐突出。

这就直接导致物价上涨。因此，我认为目前我们正处于一个非常重要的阶段。我们如何才能拥有更多的可用劳动力呢？我们如何让更多的人从事生产事业呢？当然，消费方面也需要更多的人。我们需要这些人，但我们也需要合理地考虑如何更好地利用人力资源。然而这个问题非常复杂，大家似乎都对此接触甚少。这很成问题。

此外，关于物价上涨问题，我们可能喋喋不休地抱怨。但是物价上涨的最本质原因，即人手不足问题，却似乎没有受到足够的关注。

提问者：您对此有何对策吗？

松下：如果只是公司需要用人，那么解决方案是相对容易的。比如说，如果大阪地区人手不足，那么就可以从那些当地没有工厂的地方招人来大阪工作。如果只考虑你我的公司还算简单，但是这样一来，仍然会有公司面临人手不足的问题。而这种情况最终会导致整个日本的生产力受限。因此，我认为政府需要制定相关政策以应对人手不足问题。

我认为教育领域也有许多需要思考的地方。例如，工作、教育和休假等，必须将这些作为国家发展的基调，并在其间实现某种平衡。然而，日本目前存在许多不平衡的趋势，而这种趋势几乎涉及所有方面。

比如，我们不断生产出被称为"移动住宅"的汽车，然而道路却不够用。这也是一个不平衡的问题。虽然我们不断地制造"移动住宅"，但是固定住宅却没有跟上。"移动住宅"的制作材料可能还更为复杂一些。它们不使用钢铁和水泥，而是使用高级材料。现在广告不断呼吁我们购买更多的"移动住宅"。如果你去参观汽车展,就会发现"移动住宅"的设计都非常出色。然而,固定住宅却面临着供应不足。这种情况是一种极度的不平衡,也可以说是日本的一个断层,或者说是一种状态。

3. 人口问题与经济发展

提问者:在人手不足的情况下,会暴露出劳动力分配及人才使用方式等方面的缺陷以及绝对数量不足等问题。最近我与经济企划厅的人交谈过。他们指出,如果综合考虑各地区的长期经济和发展计划,预计在十年后,可能需要约1.45亿的劳动力人口。也就是说,相应的人口政策尚未制定。关于第二次世界大战后日本是8000万人好还是9000万人好的问题,曾有过一次政策讨论。目前应该是政府掌握着人口问题研究所,但在这些方面……

松下:目前他们什么行动都没有采取吧。政府本应将这个问题作为政治方面的重大课题不断提出见解,但现在事实却并非如此。

提问者：前不久还在限制生产，是不是现在这个时机不太好开口呢？

松下：通过限制生产来实现人口调节也是一种看法。但是如果凭借生育奖励机制来调节人口的话，应该已经为时已晚了。

如今的社会似乎不再是十年一个样，而是一年一个样了。在这种快节奏的时代，现在开始培养需要二十年才能成长为有用之才的人，可能并不实际。就像您所指出的，如果我们需要约1.5亿人的劳动力，那么就需要考虑如何利用好当前的人力资源。这当然要求我们提高个人生产效率，同时还要解决冗余人员的问题。

提问者：所以您是说，通产省、劳动省、人口问题研究所等机构必须携起手来共同制订计划吗？

松下：这是我目前的想法。人口问题确实是一个非常重要的课题。美国之所以能够取得如此大的发展，主要是因为吸引了大量的人才。他们从世界各地吸引人才，然后让这些人才为他们工作，这才促成了美国今日的繁荣。如果没有这些，就不会有美国今日的发展。

然而与此同时,美国也出现了一个副产品,那就是多样化的民族群体。幸运的是,这些不同的民族群体都在美国的星条旗下实现了美国国民化。这正是美国的伟大之处。然而,日本的情况则有所不同。尽管我们都拥有同样的面孔,然而人们似乎还没有想好如何善用这一点来完成1.5亿人口的工作量。

提问者: 您认为这会对经营方式产生影响吗?

松下: 确实会产生一些影响。例如,这会导致我们很难实现适才适用。如果将美国和日本两相比较就不难发现,日本企业非常倾向于遵从年功序列制。虽然美国也有一定程度的年功序列制,但如果日本的年功序列制占比是80%的话,那么美国大约只占30%,而其余的70%都采用的是适才适用的方式。我认为这就是差异所在。这就是美国能够取得发展的原因之一。如果日本能够在这方面稍加改革的话,就很有可能发展成为世界第一。

提问者: 您认为日本经营的特长和优点是什

么呢?

松下：我认为日本经营的优点总的来说就是，日本人工作非常勤奋。这可能是因为我们每个人都很优秀，工作也非常努力。然而，虽然我们具备这样的优点，但是在适才适用的思想方面，还存在一些不足。而且，年功序列制从团队协作的角度来看，可能也存在一些问题。

4. 基于自然规律的经营理念

提问者：可以请您再为我们讲一下您在美国CIOS的会议上提出的关于经营方法和经营理念的观点吗？

松下：我在美国讲话时提到的经营理念中其实包含了很多想法，但归根结底就是要立足于人性并从中寻求依据。换言之也就是所谓的自然之理。尽管理解起来可能相当复杂，但我认为经营理念应当基于自然规律。这一理念适用于任何国家。

具体来说，我曾提到过，过度竞争是不可取的。为什么呢？因为国家之间的过度竞争可能引发战争。现如今，战争是绝对不可取的。不管在任何情况下，都应极力避免战争。这已经成为世界人民的普遍共识。我曾说过，国家之间的过度竞争是不可取的。如果我们能够认同这一点，那么就不会出现同行之间因过度竞争而兵戎相见的情况了。但这同样存在弊端。我主要就分享了这两个观点，还有一些零散的问题。

5. 五天工作制的真正含义

提问者：这与刚才的问题也是有所关联的。劳动人口逐渐减少令我们头痛不已。但与此相对，有一种趋势是推行五天工作制，甚至还有人呼吁进一步缩短劳动时间。对此，社会党和劳动工会都反对其合理化。

松下：缩短工作时间，将工作日缩减至每周五天，我认为这种做法是很好的。但是这涉及一个前提条件，那就是这种做法并不是为了降低生产效率而采取的。前提是通过这种做法可以进一步提高生产效率。

为什么呢？因为美国很早就开始实行这种制度了。五天工作制，每日工作八小时，即每周工作四十小时。最早采用这种制度的国家就是美国。欧洲近年来也开始逐渐推行这种制度，但并没有像美国那样普遍。而率先推行这种制度的美国发展速度一骑绝尘。这说明了什么呢？这意味着在短时间内一心一意投入工作的方式非常高效。而作为回报，每周可以获得两天的休息时间。

在美国，已经不能工作六天了。因为他们在工作的几天里都非常拼命。因此，需要有两天的休息时间。于是，每周工作五天、四十小时的制度就出现了。现在他们正在考虑进一步缩短工作时间。

因此，我认为日本也应该朝这个方向发展。然而，如果缺少这种前提，仅仅在现有情况下缩短工作时间，让大家多休息一天的话，就会导致生产下降，进而引起物价上涨。这是绝不可取的。因此，我们应该充分认识到这一点。如果要采取这种做法，我们可以将工作时间缩短，但在短时间内要全力以赴，这样一来工作效率就能提升三成。如果我们能够专心致志地投入工作，将会收获意想不到的成功。然而，如果一直这样做下去，就会对身体造成损害，所以应该缩短工作时间。如果不这样做是行不通的。

现在日本也开始推行五天工作制，并正在形成一种变化趋势。我想在这方面应该有些地区已经取得了成功。五天工作制施行后，劳动生产率不降反升。我想这是因为员工们都理解了五天工作制的意义。虽然工作时间变短了，但却通过在工作时间内高效完成工作，取得了相应的成果。这与美国的情况是一样的。

6.经营者的责任

提问者：在我国的经营活动中，过度竞争的存在令人头痛不已。目前我们必须对此采取相应措施，但是要想解决这一问题却十分困难。我总觉得这个问题归根结底还是道德的问题。

松下：正如您所说的，想要解决这一问题十分困难。关于过度竞争问题，我前段时间去美国时曾与当地一家大公司的社长进行过谈话。我问他："你们也在参与过度竞争吗？"他回答说："是的。"然后我问他："那你怎么看待这个问题呢？你不觉得这样做不好吗？"他回答说："我也觉得这样做不好，但是松下先生，我也是被逼无奈啊。"于是我问他："为什么呢？"他说想赚取更多的钱是人类的本性，只要这种本性存在，过度竞争就永无停歇，所以他干脆接受了这种现状。

于是我对他说道："这是不可取的。这种想法只会让过度竞争愈演愈烈。因此，即使人类的本性就是无休止地追名逐利，我们也必须学会以一种理念和精神文化来抑制这种本性。换言之，我们必须通过理性来控制欲望。管理者的责任就在于此。因此，如果管理者不能认识到这一点，那么过度竞争就永无止境。这是绝对不可取的。我坚决反对这种想法。"

这种想法在美国存在，在日本也是一样。在我看来，许多地方的人们都普遍持有这一观念。正因如此，过度竞争才迟迟无法消除。如果一直这样持续下去，那么问题必将进一步恶化。而如果问题持续恶化，那么最终将会发展至与战争无异。当然，判定正常竞争与过度竞争的界限是非常困难的。尽管如此，我们也必须顺利完成这一艰难的判定，并始终坚持这一判断。这就需要我们具备一种精神力量。这是经营者的责任，亦是崭新理念的源泉。

提问者：也就是说，从当今日本企业家的心理层面来看，这是有可能实现的吗？

松下：如果你认为"这实在太难了，尽管你这么说实际上也是做不到的"，那不就与那位美国人一样了吗？所以这种时候，我们要不断告诫自己"虽然很难，但还是要尽力一试"。同时，我们要将努力落实到实际行动上来，向着目标不断前行。这样下去，总有一天过度竞争会被完全消除。然而，如果一旦认为"这根本就是做不到的"，从而选择放弃，那么目标就永远无法实现。面临这种现状，经营者们都肩负着新的责任。

主持人：我想诸位或许还有许多问题，但是由于时间有限，今天我们的活动就到此结束。谢谢大家。

松下：今天我所讲的内容不够充分、全面，万望诸位见谅。谢谢大家。

日本能率协会第一次国际最高管理者研修会
　　　1963 年 11 月 6 日
　　于皇宫酒店（东京）

松下幸之助生平年表

1894 年　11 月 27 日，出生于和歌山县海草郡和佐村
1904 年　小学中途退学，只身前往大阪做学徒
1910 年　作为内线员实习生入职大阪电灯公司
1915 年　与井植梅野结婚
1917 年　从大阪电灯公司辞职，尝试独立创业
1918 年　创办松下电气器具制作所
1923 年　设计发售炮弹形电池式自行车灯
1927 年　发售贴有"National"商标的角型灯
1932 年　举办第一届创业纪念仪式，将这一年定为知命元年
1933 年　实施事业部制，确定松下电器应遵循的"五大精神"
1935 年　对松下电气器具制作所进行股份制改革，成立松下电器产业株式会社
1940 年　召开第一次经营方针发表会
1946 年　被指定为财阀家族，受到七项限制；创办 PHP 研究所，开始 PHP 研究
1949 年　被报道为"税金滞纳大户"
1952 年　与荷兰飞利浦公司达成技术合作意向
1955 年　收入排名日本第一
1961 年　辞去松下电器社长一职，就任会长
1964 年　召开热海会谈
1972 年　出版《思考人类》，倡导"新人类观"
1973 年　辞去会长一职，就任顾问
1977 年　出版《我的梦，日本梦　21 世纪的日本》，描绘了日本的未来图景
1979 年　创办松下政经塾，就任理事长兼塾长
1983 年　创立"思考世界的京都座谈会"，出任会长
1987 年　获得勋一等旭日桐花大绶章
1989 年　4 月 27 日去世，享年 94 岁

图书在版编目（CIP）数据

必须赢利 /（日）松下幸之助著；杨瑀桐译 . --
北京：东方出版社，2025.3. -- ISBN 978-7-5207-4064-7

Ⅰ.F272.91

中国国家版本馆 CIP 数据核字第 2024ZR9136 号

SHOUBAI WA SHINKEN SHOUBU By Konosuke MATSUSHITA
Copyright © 1996 PHP Institute, Inc.
All rights reserved.
First original Japanese edition published by PHP Institute, Inc., Japan.
Simplified Chinese translation rights arranged with PHP Institute, Inc.
through Hanhe International (HK) Co., Ltd.

本书中文简体字版权由汉和国际（香港）有限公司代理
中文简体字版专有权属东方出版社
著作权合同登记号 图字：01-2024-1466 号

必须赢利

（BIXU YINGLI）

作　　者：[日]松下幸之助
译　　者：杨瑀桐
责任编辑：刘　峥
责任校对：孟昭勤
封面设计：李　一
出　　版：东方出版社
发　　行：人民东方出版传媒有限公司
地　　址：北京市东城区朝阳门内大街 166 号
邮　　编：100010
印　　刷：北京联兴盛业印刷股份有限公司
版　　次：2025 年 3 月第 1 版
印　　次：2025 年 3 月第 1 次印刷
开　　本：787 毫米 ×1092 毫米　1/32
印　　张：10.5
字　　数：149 千字
书　　号：ISBN 978-7-5207-4064-7
定　　价：56.00 元
发行电话：（010）85924663　85924644　85924641

版权所有，违者必究
如有印装质量问题，我社负责调换，请拨打电话：（010）85924602　85924603

作为全球知名企业家，松下幸之助曾经影响了不止一代经营者，其经营理念、人生哲学备受全球读者推崇。伴随我国经济社会不断发展，中小企业越来越活跃，其对学习如何经营企业的需求愈发旺盛。为满足众多企业家的阅读需求，我社与松下幸之助先生创办的 PHP 研究所开展战略合作，将继续引进 PHP 珍藏书系。已出版发行的《天心：松下幸之助的哲学》等 20 种图书备受欢迎。

已出版的松下幸之助经典作品

①《道：松下幸之助的人生哲学》

松下幸之助人生智慧的总结，畅销 566 万册的代表作。告诉我们如何提升人格，如何提高效率，如何做出正确决定，如何获得价值感，如何面对困境和挑战，如何建立自信，如何培养坚定信念和独立精神，如何与人、组织、国家、社会协调关系，从而走上正确的、宽广无限的道路，度过美好人生！

②《天心：松下幸之助的哲学》（平装）（精装）（口袋版）

天心是松下幸之助人生和经营思想的原点，是他勇夺时代先机、实现制度和技术创新的秘诀，更是广大读者学习"经营之神"思维方式的必读书。

③《成事：松下幸之助谈人的活法》

做人做事向往美好，从善的角度思考。想方设法做成事的强烈热情是创造的源泉。

④《松下幸之助自传》

松下幸之助亲笔所书的唯一自传，完整讲述其成长经历和创业、守业历程。精彩的故事中蕴含着做人做事的深刻道理。

⑤《拥有一颗素直之心吧》

素直之心是松下幸之助经营和人生理念的支点和核心。素直之心是不受束缚的心，是能够做出正确判断的心，一旦拥有素直之心，无论经营还是人际关系抑或其他，都会顺利。

⑥《挖掘天赋：松下幸之助的人生心得》

松下幸之助遗作、90 岁成功老人对人生的回顾与思考，凝聚一生感悟。充分挖掘自身天赋、发挥自身潜能，才能度过充实而精彩的人生。

⑦《如何工作：松下幸之助谈快速成为好员工的心得》

怎样快速成为一名好员工？松下幸之助在三部分内容中分别面向职场新人、中坚员工、中高层管理者三类人群有针对性地给出中肯建议。

⑧《持续增长：松下幸之助的经营心得》

如何在艰难期带领企业突围和发展？松下幸之助结合自身半个世纪的实践经验，从经营和用人两方面道出带领企业在逆境中稳步发展的真髓。

⑨《经营哲学：松下幸之助的 20 条实践心得》

一家企业想做久做长离不开正确的经营理念，"经营之神"松下幸之助基于自身五十多年的实践经验指出，坚持正确的经营理念是事业成功的基础和必要条件。

⑩《经营诀窍：松下幸之助的"成功捷径"》

企业经营有其内在规律，遵循经营的规律、把握其中的诀窍至关重要。松下幸之助在书中分享了自己经营企业五十多年间积累下的 37 条宝贵心得。

⑪《抓住商业本质：松下幸之助的经商心得》

企业要少走弯路，就得抓住商业本质，遵循基本逻辑。本书凝聚了一位国际知名企业家对商业本质和企业经营规律的深刻理解。

⑫《应对力：松下幸之助谈摆脱经营危机的智慧》

松下电器自成立以来经历了战争、金融风暴等重大危机，卓越的应对力使其在逆境中实现成长。应对力是帮助企业摆脱困境的法宝，是领导者的必备素养。

⑬《精进力：松下幸之助的人生进阶法则》

精选松下幸之助讲话中的 365 篇，可每日精进学习其对人生和经营的思考。

⑭《感召力：松下幸之助谈未来领导力》

感召力是一种人格魅力，是面向未来的最有人情味的领导力，本书旨在帮助有理想的普通人提升感召力。

⑮《智慧力：松下幸之助致经营者》

讲述了满怀热情、肩负使命、坚守正道、成就尊贵人生的智慧。

⑯《道路无限》

松下幸之助人生哲学经典读本，写给青年的工作和人生忠告。改变了无数人命运的长销书，20年间重印高达78次。

⑰《开拓人生》

松下幸之助创作的人生随想集，作者随时想到随时记录下的人生思考。针对当下社会内卷，赋能人心，带来治愈、激励和力量。

⑱《员工必修课》

员工的活法和干法。收录了松下幸之助对松下电器内部员工和外部青年人士的讲话，核心观点是"员工自主责任经营"，强调每位员工都是自己岗位、自己工作的老板和主人翁。

⑲《领导者必修课》

"经营之神"松下幸之助经常带在身边的学习用书，领导者必备的教科书。松下幸之助从古今中外的众多历史人物和历史事件中精选了101条杰出领导者应具备的素养。

⑳《重要的事》

松下幸之助人生哲学精华集，青年必读经典读本。松下幸之助一生经验和心得的总结，辅以温暖治愈系插画，用轻松易读的形式呈现人生智慧。

㉑《更重要的事》

松下幸之助人生哲学精华集，青年必读经典读本。松下幸之助一生经验和心得的总结，辅以温暖治愈系插画，用轻松易读的形式呈现人生智慧。